사진으로

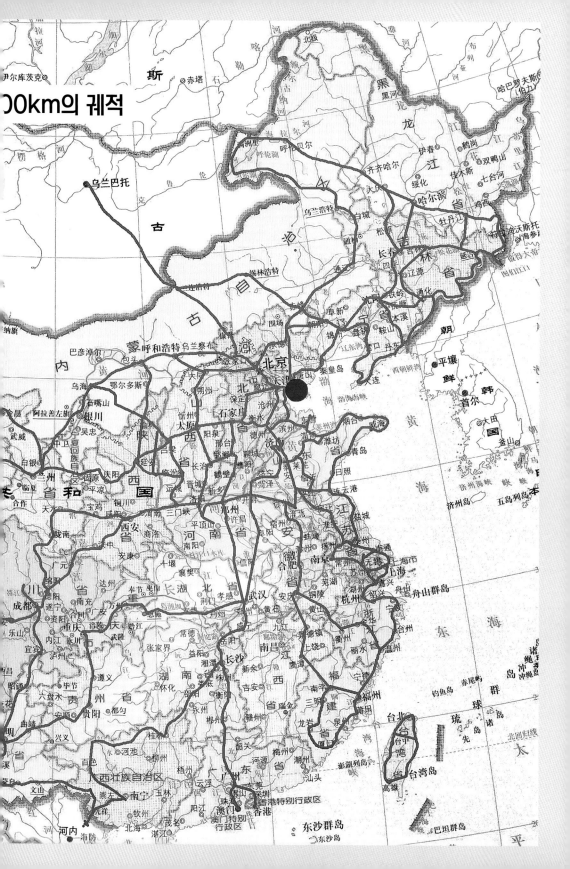

00km의 궤적

방랑 12년, 194,0

로 본 방랑 12년의 궤적

또 다른 시각의 중국 대륙과 한·중 국경 체험기

487 장의 사진을 담은 포토 랩소디

중국 지리와 문물 기행

글·사진 **서 진 우**

dcb
대경북스

**487장의 사진을 담은 포토 랩소디**

# 중국 지리와 문물 기행

초판인쇄   2021년 1월 6일
초판발행   2021년 1월 12일
발 행 인   민유정
발 행 처   대경북스
  ISBN     978-89-5676-844-1

등록번호 제 1-1003호
서울시 강동구 천중로42길 45(길동 379-15) 2F
전화: (02)485-1988, 485-2586~87 · 팩스: (02)485-1488
e-mail: dkbooks@chol.com · http://www.dkbooks.co.kr

# 머리말

7백 년 전고려 후기 베네치아의 마르코 폴로는 진실이건 과장이건 간에 《동방견문록》을 발표하였다. 그로부터 2백 년이 지나 콜럼버스의 호기심을 부채질하여 서인도 제도를 발견하게 만든다.

사람은 세상에 처음 나타날 때부터 내재된 유전자인 궁금증 · 호기심이 먼 사냥 길을 나서게 만들고, 항해를 하게 하고, 길을 나서게 한다.

중국의 국토 면적은 960만 km², 동서 직경 5,000km, 남북 직경 5,000km, 지구 육지면적의 6.5%로, 미국과 거의 동일하며 위도 또한 비슷하다. 지구라는 행성의 자연, 인문 및 오묘함을 중국에서 체험한다.

아름답게 보이는 자연 뒤에 가려진 재앙의 씨앗, 생존을 위한 이기적인 인간집단, 억만 년 세월의 흔적을 품은 신비로운 지형. 그 자연에 순응하면서 살아간다는 것은 자연을 극복하는 것과 같은 의미로 볼 수 있다.

우리와 직접적으로 관계된 한·중국경.

국경國境이란 나라와 나라 사이의 경계를 말한다. 우리나라한반도의 국경은 바다로는 부산과 일본 쓰시마섬 사이의 대한해협에 위치하고, 대륙으로는 평안북도·함경북도와 중국의 랴오닝성遼寧省·지린성吉林省·러시아의 블라디보스톡Vladivostok 사이를 흐르는 압록강과 두만강이 대체적인 국경을 이룬다.

압록강은 790km로 우리나라에서 가장 긴 강이고, 두만강은 521km로 낙동강 다음으로 세 번째로 긴 강이다. 따라서 국경선의 길이는 약 1,400km가 된다.

우리는 압록강·두만강이라는 말만 들어도 가슴이 뭉클해지고 애잔하게 느껴진다. 그것은 너무나도 공산주의에 의한 한맺힌 근세사近世史가 억울하고, 몸서리 쳐지도록 안타까움을 금할 수 없기 때문이다.

대륙과 접한 국경을 따라서 압록강 하구에서 출발하여 백두산을 거쳐서 두만강 하구까지 중국 측에서 훔쳐보는 북한의 이모저모를 살펴본다.

중국과는 조선시대 이후 단절되었던 수교 관계가 1992년에 재개됨으로써 중국 비자만 받으면 자유로이 왕래할 수 있다. 그런데 북한과는 70년 이상 단절되어 특별한 자격을 갖춘 자만이 통제받으면서 제한적으로 다녀볼 수 있다고 한다.

지금의 현실은 남의 나라인 중국 땅을 밟으면서 폐쇄된 북한을 엿볼 수밖에 없어 슬픈 마음으로 국경선의 그림을 그려본다. 우리는 들여다 볼 수 있는 만큼, 느낄 수 있는 것은 느껴가면서 당장은 아니지만 장래를 내다보면서 바라볼 따름이다.

가까운 과거를 돌아보고, 아울러 먼 과거를 더듬어 미래를 내다 보면서 지금은 중국 땅이지만, 원래 우리 영토였던 지역들의 유적도 살펴본다.

머리말

발해 내의 발해만에서는 1986년부터 채유가 시작되어 지금 한창 원유를 뽑아내고 있으며, 계속 새로운 유정을 시추하고 있다. 2013년 인천 - 중국 천진 사이의 정기여객선에서 볼 수 있는 시추 현장 또는 유정은 11개였다.

압록강 하구 서쪽 요동반도 건너편 발해만渤海灣에는 1986년부터 채유 준비가 시작되어 지금 한창 석유를 뽑아내고 있다. 매장량은 10억 톤중국 전체 석유매장량 32억 톤 : 2007년 7월 발행《중국국가지리도감》참조이다. 우리의 평안도 앞바다에도 많은 석유가 매장되어 있을 것으로 추정된다고 김정일이 큰소리친 바 있으니, 우리의 기술로 이것을 개발한다면……. 중국이 다 뽑아가 고갈되기 전에 우리가 기회를 잡아야 할 텐데.


승용차 2대를 소모하며 12년간 주행한 중국 대륙 194,000km.

제한이 많은 나라 중국, 남의 나라 땅을 돌아다닌다는 것이 쉬운 일이 아니였지만, 솟아오르는 의무감 · 사명감을 용기삼아 투쟁하다시피 기행紀行하였다.

끝으로 중문 교열을 도와주신 황혁주 님께 감사드리며, 마지막 교열을 위해 애써 준 딸 주희에게도 고마움을 표한다.

그리고 졸고를 빛나게 만들어 준 〈대경북스〉 편집진에게도 감사드린다.


2020년 12월

서 진 우

* 게재된 북한 쪽 사진들은 대부분 원거리 촬영이라 선명하지 못함을 양해바랍니다. 인용한 사진 · 글은 출처를 밝혔으며, 지명과 고유명사는 중국식 발음을 우선하였습니다.

# 차 례

제 1 부

# 대륙 960만 km²

# 대평원에는 비극도 따른다

티엔진강天津港, 천진항은 중국의 수도 베이찡北京, 북경으로 가는 해상 관문으로, 중국의 중점 항구이며 국토의 중심에 위치하고 있다.

티엔진강은 보하이渤海, 발해 속의 보하이완渤海灣, 발해만에 자리하고 있는데, 계속 매립하여서 접안 시설을 확장하고 있으므로 수년 내로 중국 최대의 항구가 될 것이다.

티엔진강이 속한 티엔진天津, 천진 시는 후아베이華北, 화북 대평원 북쪽에 자리잡고 있다. 시 중심부의 해발고도는 4~5m이며, 항구바다까지 직선 거리는 60km이다. 기울기가 1/12,000밖에 되지 않아 배수에 큰 어려움이 있다.

2008년 베이징올림픽 때 임시 개통한 뚱지앙東疆, 동강 매립지의 신터미널은 2012년 말에 미완공 상태에서 정식 개통되었다. 중국 제1항을 대비한 터미널은 건축비보다 부지 조성돋움 공사에 더 많은 지출이 있었을 것이다. 대평원에서는 집을 지을 때 침수를 대비하여 부지 돋움 흙을 수천 리 밖에서 운반해와야 하는 어려움이 있었다.

대륙 960만 km$^2$

후아베이 대평원의 위력에 의해 2011년 한 해 동안 2번 물바다를 이룬 티엔진강 터미널 주차광장
왼쪽 : 국제선 터미널, 오른쪽 : 국내선 터미널.
새벽 2시에 잠깐 내린 소나기로 인해 7시간이 지난 오전 9시인데도 주차광장은 차량 진입 불가.

해변까지의 거리는 불과 100여 m인데도 배수가 되지 않아 도로가 침수되어 한쪽은 통행 차단으로 교통이 마비되어 아침 출근길이 뒤죽박죽이다.

대평원에는 비극도 따른다

티엔진시 중심부를 통과하는 하이허海河, 해하의 강물은 흐르는 둥 마는 둥하여 소
낙비가 잠깐 내려도 티엔진시의 대부분 지역은 물난리로 곳곳의 교통이 마비된다. 티
엔진강 터미널은 10년에 약 2~3번은 물이 차서 출입국 수속이 중지될 때도 간혹 있
다. 터미널 주변의 도로는 바다와 불과 100여 m 떨어져 있는데도 물이 빠지지 않아
교통이 마비된다.

티엔진시의 중심부를 흐르는 하이허는 길이 1,090km로, 중국 서열 9위이다. 티엔
진시에 진입하기 전까지의 이름은 용딩허永定河, 영정하이다. 베이찡北京, 북경 북서쪽
허베이河北, 하북성의 타이항太行, 태행산에서 발원하여
베이징을 거쳐 티엔진天津, 천진시 중심부를 관통하여 티
엔진시 탕구취塘沽區, 당고구에서 바다로 흘러간다.

**참고**
베이징시의 면적 : 17,000km², 
티엔진시의 면적 : 12,000km²
(우리나라 전라남도 면적)

티엔진강은 쉼없이 매립하여 확장되어 인공 평원이 되었는데, 밀물과 소낙비가 만나면 터미널은
업무가 중지된다. 이는 자연재해인가, 인재인가?

대륙 960만 km²

씬지앙新彊, 신강 동쪽 타크라마간사막 대평원에는 약간의 비가 내려도 조금 낮은 지대로 빗물이 모여 바다를 방불케 한다. 돋운 도로마저 물에 잠겨 통과해야 할 차량들이 물이 빠질 때까지 며칠을 기다리든지 아니면 수백 km를 우회하여 목적지로 가야 할 경우도 있다. 일반적으로 사막이라면 모래 지역으로 알고 있는데, 사막이란 불모지란 뜻이지 꼭 모래로만 되어 있는 것은 아니다.

그렇다면 이러한 물난리 현상은 왜 일어날까?

그 원인은 대평원 때문이다. 평원이란 평평한 대지를 말하는데, 그중에서 후아베이華北, 화북대평원은 너무나도 평탄하여 면적 30만 km²한반도 22만 km² 중에서 제일 높은 곳이 해발 100m 미만이다. 나지막한 언덕이라도 있으면 적은 공사비로 부지를 조성할 수 있어서 명당 자리가 된다. 즉 집을 지을 때에는 침수 예방을 위해 대지를 돋우어야 하는데, 흙이 대단히 귀해서 수천 리 밖에서 운반해 온다. 조금이라도 높은 언덕이 있으면 공장이 있거나 주거 동네가 있기 마련이다.

산이 많은 우리는 평원을 부러워하지만, 그곳에 사는 사람들은 우리의 야트막한 언덕을 부러워할 것이다.

대평원에는 비극도 따른다

후아베이 대평원의 야트막한 야산은 보호 구역이어서 일반인민들은 사용할 수 없다. 진흙을 구워서 만드는 적벽돌을 일정 양 이상 생산 또는 사용하려면 설계 때부터 당국의 사전 허가를 받아야 한다. 이는 대평원에는 흙이 귀하기 때문이다. 티엔진天津, 천진에 대규모 자동차 고무공장 설계 때 경험

 

 

이런 사연을 품고 있는 후아베이 평원의 생성을 관찰해 본다.

후아베이 대평원은 황후아이하이핑위엔黃淮海平原, 황회해평원이라고도 한다. 탄생의 중요 요인은 황허黃河, 황하와 황토고원, 그다음 용딩허永定河, 영정하=하이허海河, 해하의 상류, 후아이허淮河, 회하 등 하류河流의 침적에 의한 삼각주 형성, 이들 강과 더불어 타이항샨마이太行山脈, 태행산맥의 침식 등이다. 그중에서 특히 타이항샨마이는 '후아베이 대평원 탄생의 어머니'라고 중국 지질학계에서는 설명한다.

대륙 960만 km$^2$

허난성河南省, 하남성의 고도古都 안양安陽, 안양에서 서쪽의 린쪼우林州, 임주 방향으로 전진하면 후아베이 대평원의 서쪽 끝자락에 타이항샨마이의 자태가 마치 입면도처럼 나타난다. 대평원에서 갑자기 산이 보이기 시작하면 신비로움 때문에 사막에서 신기루를 만난듯이 궁금증으로 허겁지겁 달려가게 된다.

대평원에는 비극도 따른다

타이항샨마이의 풍화·침식은 후아베이 대평원 탄생의 어머니 역할을 하였다. 신생대6,500만 년 전로 부터 바다 밑에서 융기되어 올라오면서 지층이 수평으로 유지된 것이 수직 절벽을 이룰 수 있는 요소가 되어 대규모 침식을 일으켜 장관을 연출하였다.
한편 거주민들이 아래로 내려올 수 있도록 어렵게 터널을 뚫었다.

정상에 있는 석회암은 애초에 바다 밑에 있었다는 증거가 된다.

타이항샨마이는 베이징北京, 북경 북서쪽 내이멍구內蒙古, 내몽고 남단에서부터 허난성河南省, 하남성 수도 쩡쪼우鄭州, 정주 북변 황허까지 700km에 걸쳐 있다. 평균 해발은 1,000m 이상이며, 7400년 전에는 보하이 및 황해 바다에 일부가 닿아 있었다. 남쪽 산맥은 바다에 잠겨 있다가 신생대6,500만 년 전로부터 지각 변동에 의하여 융기되었다. 정상 곳곳에 석회암이 노출되어 있는 것이 그 증거이다.

떨어져 나온 쇄설물은 황허, 하이허, 후아이허를 타고 흘러내려 바다를 메우고 또 메워 퇴적되어 넓고 넓은 후아베이 대평원을 생성시켰다.

지층이 수평을 이룬다수평이 아니고 경사지면의 지층은 결을 따라 미끄러지므로 쉽게 무너져 높게 솟은 능선을 형성하기 어렵다는 전제하에 침식의 극치를 이루는 수직 절벽의 형성 원리는 다음과 같다.

» 중국의 지각 중에서 가장 오래된 변성암철 성분이 많이 함유되어 있고 강도는 약함이 기초가 되고

» 그 위에 이 지역 고유의 장석암·백운암·석회암이 차곡차곡 시루떡처럼 쌓인 후 융기 상승하여

» 기초인 변성암이 노출되어 강도가 약하니까 먼저 침식되고

» 상부에 쌓여 있는 강도가 비교적 강한 장석암砂岩으로 규석 성분이 주가 됨. 백운암·석회암은 자체의 무게에 의해 부러지듯이 내려앉아 수직 절벽을 형성하고

» 이 절벽은 산의 단면을 적나라하게 보여주면서

» 많은 쇄설물이 생산되었다는 것을 알게 해 준다.

※ 장석암의 '장석'은 고유명사로 지역 이름이다. 中國科學院《中國國家地理》2011. 5월호 참조.

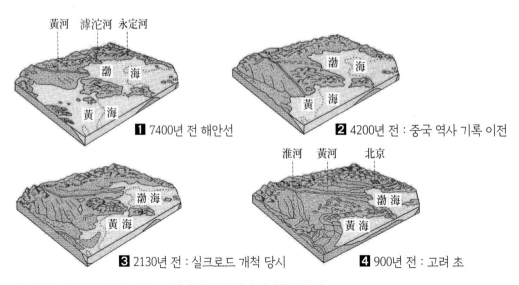

黃河 滹沱河 永定河

渤 海
黃 海

■1 7400년 전 해안선

渤 海
黃 海

■2 4200년 전 : 중국 역사 기록 이전

渤海
黃 海

■3 2130년 전 : 실크로드 개척 당시

淮河 黃河 北京

渤海
黃 海

■4 900년 전 : 고려 초

후아베이 대평원의 발전 과정 : 그림의 왼쪽 상변이 타이항샨마이太行山脈
中國地圖出版社《中國自然地理圖集》에서 인용.

대륙 960만 km²

앞의 그림을 보면 2000년 전에는 샨뚱山東, 산동반도가 섬이었고, 베이징北京, 북경은 생성되기 시작하였다. 티엔진天津, 천진 지역은 900년 전에도 대부분 바다였다. 8000년 동안 대평원 형성에 지대한 역할을 한 3대 하황허, 하이허, 후아이허와 타이항샨마이는 중국 최대의 두 도시를 탄생시키는 기초가 되었다.

GPS로 보는 하이허가 대평원 지역을 통과하는 하천답게 구불구불 탕구항을 거쳐 보하이완으로 진입한다. 도로 역시 구불구불하여 티엔진은 중국에서 길 익히기가 가장 어려운 도시가 되었다. 위 사진은 티엔진 국제공항 근처 외환선시 중심 순환로 도로 옆의 해자인데, 썩은녹조 물로 인해 분뇨 처리장 이상의 악취를 풍긴다.

대평원에는 비극도 따른다

그러나!!! 땅을 조금만 파도 웅덩이가 되고, 곳곳에 썩은 물이 고여 있다. 이 지역의 고속도로를 다녀 보면 분뇨처리장을 통과하는 것처럼 냄새가 지독하다. 그 이유는 고속도로를 건설할 때는 큰 비에 대비해 노면을 돋우어야 하는데, 주위의 땅을 파서 그 토사를 이용하므로 저절로 만들어진 원치 않는 해자垓子 : 골, 못에 고인 물의 온도가 상승하여 썩기 때문이다.

해발 고도가 낮은 대평원에 대도시가 이루어지면 생활하수가 보태져 이러한 현상이 더더욱 심해진다. 이것을 대비하기 위해서설치한 배수 처리 시설이 기존 하이허와 용딩허하이허의 상류 외에 '용딩씬허永定新河', '챠오바이씬허潮白新河' 등 수십 개본인이 확인한 것만 11개의 인공 강을 설치함으로써 큰 물난리는 뜸해졌지만, 작은 물난리는 수시로 일어나고 있다. 이는 물이 썩는 것은 자연적으로는 해결할 수 없다는 것을 말해준다.

이 때문에 티엔진에는 대형건물에도 지하층이 거의 없다.

대평원의 비극을 해결하기 위하여 용딩씬허永定新河, 영정신하 500m 곁에 또 다른 2개의 작은 인공 강을 만들었다. 용딩허永定河는 천진시에 진입하면 하이허海河로 이름이 바뀌고, 새로 만들어진 인공 강인 용딩씬허永定新河, 길이 70km는 하이허 북쪽 15km 지점에서 바다로 진입한다.

챠오바이씬허潮白新河, 조백신하 ; 길이 120km의 수면은 대평원의 지평선과 거의 일치한다. 인공 하들은 대부분 구불구불하지 않다. 이 강은 바다보하이완로 진입하기 직전에 융딩씬허와 합류한다.

곳곳에 설치된 인공 강은 선박이 다니는 운하와는 달리 깊이
가 얕다. 또한 교량의 상판과 수면의 높이 차이가 작기 때문에
다리 아래로 배가 통과할 수 없다.

교량 상판과 수면의 높이 차이가 거의 없는 하이허. 탕구의 대규모 도시 재설계로 최근
2012년 설치된 교량은 큰 배가 통과하도록 중간에 도개跳開 장치가 되어있다.

평화스럽게(?) 보이는 탕구의 하이허는 강물이 흐르는지 정지하고 있는지…….
천진 지역에서는 푸른 하늘을 10년에 하루이틀 볼 수 있을까?

2004년 발행된 션판沈凡, 심범의 자전적 회고록 《홍위병》에 실린 물에 대한 일부 내용을 소개한다.

션판은 대학 졸업과 동시에 공산당의 명을 받고 대도시 티엔진의 탕구塘沽, 당고 대학에 부임한 최고의 행운아였다. 탕구에서 생활이 시작된 후 하나같이 썩어가는 동료들의 치아, 누구든지 뼈가 부러지고, 젊은 나이에 췌장암으로 죽는 등 주방장의 이야기를 듣고 이곳 상수도 물에 무언가 심각한 문제가 있음을 알게 된다. 결국 그는 탕구를 벗어나야겠다고 결심하게 된다. 이처럼 당의 배치를 거부하는 것은 정치적 범죄이자 경제적인 자살이나 다름없었다. 동료들 전체가 탕구를 벗어나는 것은 불가능하니 포기하라고 한다.

그러던 중 마침 반갑게 설사병에 걸려 병원으로 가 배설물 검사를 받은 결과 박테리아는 없고 심각한 병은 아니라며 약 처방만 받게 된다. 당의 전출 허락을 받아 내려면 계속 병원에서 배설물 검사를 받아야 하므로 일부러 설사병이 걸리도록 겨울에 창문을 열어 놓고 버티는 등 끈질긴 노력 끝에 큰 깨달음을 얻게 된다. 일부러 설사할 필요없이 배설물에 어디서든 구할 수 있는 수돗물을 섞으면 된다는 것을.

매일 수돗물을 섞은 배변으로 검사를 받아 당에 청원서를 올린다. 이것은 반년 동안 계속 반복한 결과 탕구종합병원으로부터 "이 환자는 식수로 인해 발생하는 신경성 알레르기 장염을 앓고 있음"이라는 진단을 받아내서 성공적으로 탕구를 탈출하게 된다.

이 내용은 1983년의 실화로, 대평원의 흐르지 못하는 물의 심각성을 말해 준다.

※ 션판은 1954년생으로, 1982년 란쬬우대학을 2등으로 졸업한 후 최고의 찬사를 받으며 영광스럽게 천진 경공업대학교 화학학교 강사로 발령을 받았으나, 1984년 미국으로 유학탕구 탈출하여 로체스트커뮤니티기술대학의 교수가 된다.

베이찡北京과 티엔진天津 지역은 사막성 기후이므로 연평균 강수량은 600mm 전후 인데, 이는 물난리를 생각하면 다행이고 생활용수를 생각하면 불행이다. 비에 대비해서 인공 강을 만들고, 물 부족에 대비해서 바다와 접하는 지역에 수문을 설치하여 물을 저장하기도 하고 바닷물의 역류를 방지하기도 한다.

※ 하이허海河, 해하란 4000여 년 전에는 이 강이 흐르던 지역이 바다였다는 뜻이다.

# The Wave=보랑구波浪谷, 파랑곡=물결 지형

'북위 37도, 동경 108도', '북위 36.5도, 서경 112도'

이것은 중국의 한 지점과 미국의 한 지점인데, 두 지점은 지구 자전축을 중심으로 볼 때 거의 서로 마주보고 있다.

미국의 그곳은 아리조나 주와 북부 유타 주의 경계에 있는 콜로라도 고원의 그랜드 캐니언 파리아Paria 계곡에 있으며, 중국의 이곳은 샤안씨셩陝西省, 섬서성 위린셔榆林市, 유림시 징비엔씨엔靖邊縣, 정변현의 동남쪽 22km 룽쪼우쌍龍洲鄕, 용주향에 있다. 이렇게 서로 마주보는 양 지점에는 꼭 같은 형태의 지형이 있는데, 이러한 상황의 일치는 우연이라 봐야 할지 필연이라 해야 할지?

The Wave 波浪谷, 물결 지형

보랑구波浪谷, 파랑곡를 답사한 후 2012년 《中國國家地理중국국가지리 ; 월간지》 8월호에 게재된 보랑구에 관한 내용을 소개한다.

소개하는 지형 명칭을 미국에서는 'The Wave', 중국에서는 '보랑구 또는 훙샤옌쌰구紅砂岩峽谷, 홍사암협곡'라고 한다. 우리나라에는 처음(?) 소개하는 것으로 알고, 필자는 '물결 지형계곡'이라 명명하였다.

이곳은 해발 1,000m 이상의 고원에 형성된 분지로 수천만 년 시간의 흔적이 새겨진 자연력의 위대함을 보여주는 현장이다.

이곳의 지리와 지형적 특성의 배경은 다음과 같다.

» 북쪽은 인샨샨마이陰山山脈, 음산산맥 : 동서 방향 1,000km,

» 남쪽은 친링샨마이秦岭山脉, 진령산맥 : 동서 방향 1,100km,

» 동쪽은 타이항샨마이太行山脉, 태행산맥와 나란한 뤼량샨마이呂梁山脉, 여량산맥 : 남북 방향 500km,

» 서쪽은 허란샨마이賀蘭山脈, 하란산맥 : 남북 방향 150km

으로 둘러싸인 면적 37만 km²의 어얼뚜오스鄂爾多斯, 악이다사 침적 분지 내의 중심부로 후앙투가오위엔黃土高原, 황토고원에 속한다.

'물결 지형'의 생성 과정은 다음과 같다.

어얼뚜오스분지의 이 지점은 당초에는 호수 상태였다. 호수로 밀려오는 모래는 유속이 일정하면 모래 파波를 형성한다. 이 모래 파는 계속 밀려드는 모래의 힘에 의해 유동하면서 밀려드는 순서에 따라 낮은 곳부터 호수의 바닥에 쌓여水中沈積, 수중침적 층을 이루게 된다. 이때 유동 방향에 따라 수평 형태 또는 부동 형태의 층무늬를 표출하게 될 바탕이 생성된다.

| 수중 침적 | 지각 상승 및 풍식, 노출 | 경관 형성 |

※ 〈월간 중국국가지리〉에서 인용.

지각의 역사에 의하면 6000만 년 전 이 지역은 인도차이나 연산 운동燕山運動 : 지각 변동 중 네 차례의 지각 상승 과정을 거치면서 고원이 되었다. 이때 호수는 뭍으로 바뀌면서 지표로 노출되기 시작하였다. 그사이에 세 차례 냉·난 전환이 있었으며, 마지막으로 한랭에서 온대 기후 환경이 되었다.

따뜻한 온대, 반 건조사막에 가까움, 대륙성 계절풍, 풍부한 태양 조사량, 기후 건조 등으로 인해 풍식 작용風蝕作用을 강하게 일으켰다. 더욱이 위치적으로 서쪽으로 경사지고, 남북 양쪽에 있는 큰 산맥의 산등성이는 양 산맥 사이를 바람이 잘 통하는 풍도風道가 되게 한다.

1000만 년 동안 끊임없이 불어오는 흙·모래를 함유한 대량의 북서풍필자의 생각은 편서풍은 지표면을 쪼아내고 마모시켰다. 이때 가끔 내리는 폭우가 표면을 다듬는 조각사가 되어 오늘날 우리가 신비롭고 기이하게 느끼는 '물결 지형'을 형성하였다.

대륙 960만 km²

붉은색은 산화철 성분 때문이며, 은백색은 석영이다.

붉은색과 은백색이 어울려 아름답고도 매력적인 색상을 탄생시켰다.

억만 년 시간의 흔적인 중국의 '보랑구波浪谷'는 당시2012년 보호받지 못하고,
심지어 건설 재료로 사용하기 위해 인근에 사는 주민들이 마구잡이로 긁어갔다.

※ 〈월간 중국국가지리〉에서 인용(아래 사진).

파리아Paria 계곡 진입 허가를 받은 행운의 답사자
전 인류의 귀중한 자연 유산을 보호하기 위하여 미국의 그랜드 캐니언 파리아
계곡인 'The Wave'에는 지질학자와 환경보호 전문가들의 요망으로 하루에 20
명에게만 진입 허가증을 발매한다.

※ 〈월간 중국국가지리〉에서 인용.

The Wave=보랑구波浪谷, 파랑곡=물결 지형

# 쭈쭈앙지에리柱狀節理, 주상절리

쭈쭈앙지에리柱狀節理, 주상절리는 화산 지대의 산자락에서 흔하게 볼 수 있다. 영문으로 'Basaltic columnar joint'라고 하는데, 뜻을 직역하면 '기둥 모양의 현무암玄武岩으로 이루어진 결합'이다.

중국 윈난성云南省, 운남성 바오샨셔保山市, 보산시 텅충씨엔騰冲縣, 등충현에 있는 주상절리는 비교적 규모가 크다. 가까운 거리15km에 수증기를 뿜으며 지금도 끓고 있는 지열화산이 있다.

쭈쭈앙지에리柱狀節理, 주상절리　　　　　　　　　　　　　　　　　　　　39

대륙 960만 km$^2$

2000만 년 전에 후지엔셩福建省, 복건성 타이완臺灣, 대만 해협에 면한 짱쪼우셔漳州市, 장주시 짱푸씨엔漳浦縣, 장포현 후오샨다오火山島, 화산도 해변에 생성된 주상절리는 중국의 바다에 면한 유일한 것이다.

주상절리의 형성 과정은 다음과 같다.

지구 표면 아래 100~150km 깊이에 있는 죽처럼 걸쭉한 액체 상태의 휘발성 기체를 함유한 고온·고압의 마그마magma가 화산 폭발 등으로 섭씨 1,100~1,200℃ 상태로 지상으로 밀고 올라 오면 냉각되면서 응고된다. 이때 외부에 면한 표면은 내부 또는 중심부보다 빠르게 냉각된다. 액체 상태의 고온 마그마가 냉각되어 고체로 바뀌면 수축이 일어나면서 장력응집력이 발생된다. 이때 가뭄에 논바닥 갈라지듯이 장력에 의한 절리가 일어난다. 갈라진 틈은 외기와 접하니까 새로운 표면이 되어 빨리 냉각되어 차츰 깊숙이 파고 들어 주상절리가 형성된다.

중국 쩌지앙성浙江省, 절강성 린하이셔臨海市, 림해시의 대화산 경구景區의 주상절리는 8000만 년 전에 생성되었다.

대륙 960만 km²

마그마에 포함된 감람석, 휘석, 사장석 등의 함유량에 따라 냉각 장력의 크기도 차이가 있으므로 절리의 지름에도 차이가 생긴다. 또한 냉각 속도에 따라서도 주상의 지름이 달라지는데, 속도가 느릴수록 커진다. 절리는 거의 규칙적이며 6모 주상이 가장 흔하고 4각, 5각, 7각 주상절리도 있다.

창바이씨엔長白縣, 장백현 백두산 자락의 화려한 주상절리

랴오닝성遼寧省, 료녕성 콴디엔만쭈쯔츠씨엔寬甸滿族自治縣, 관전만족자치현의 황이샨黃椅山, 황의산 현무호玄武湖와 협곡에 있는 주상절리는 다른 지역의 것보다 지름은 좁고 길이는 길고 곧다. 이는 생성될 때 빨리 식었기 때문이다. 호반의 사진에서 주상절리가 중간에 토력土礫층을 끼고 상하로 나누어진 것은 생성 시기가 다른 증거다.

용암이 식으면서 절리 외부에서 가해지는 압력에 의해 휘고, 비틀어지고, 뒤집혀지고...
오묘한 지각의 변동은 오늘날 지구과학으로 해석이 가능할지 신비로울 따름이다.

대륙 960만 km²

# 얼바이우二百五十, 이백오십 위안이란 없다

중국의 여행객이 한국 관광을 마치고 귀국하면서 쓰고 남은 한국 돈 46,000원을 중국 위안화로 환전하려고 계산하니 250위안이어서 서로 웃는다. 그래서 251위안으로 환전해 준다.

중국에서 250이라는 말은 욕이 되는 말이다. 특히 물건 값을 붙일 때 250위안이라는 액수를 사용하지 않고, 비슷한 240위안 또는 260위안이라고 표기·사용한다. 혹 250위안이라는 말을 들으면 모두들 웃거나 화를 낸다.

이에 대한 내력은 다음과 같다.

BC 250년경 전국 시대 진나라와 대항하기 위해서 한·위·조·제·연·초 6개국이 결맹합종, 合縱하여 쑤친蘇秦을 공동 승상으로 받들게 되었다.

그런데 쑤친이 제나라에 머물며 일을 할 때 자객에게 암살당하였다. 제나라 왕은 자객을 잡아들일 것을 지시하였으나 잡는 일이 쉽지만은 않았다. 제왕은 자객을 유인하기 위해 죽은 쑤친의 머리를 성 밖에 달아 놓은 후 "쑤친은 간첩이니 죽어도 마땅하다. 왕은 줄곧 그를 제거하려 했지만 마땅한 방법이 없었다. 그러니 왕에게 도움이 되게 나라의 해를 제거한 의사에게 황금 천 냥을 상으로 내리겠다."라는 공고문을 그 옆에 붙여 놓았다.

그러자 동시에 네 사람이 나타나 쑤친을 죽였다고 자처하였다. 이들을 보자 제왕은 끓어오르는 화를 누르며 태연히 "이 황금 천 냥을 너희들은 어떻게 할 작정인가?"라고 물었다. 네 사람은 계략에 빠진 줄도 모르고 "250냥씩 공평하게 나누어 가지겠습니

다."라고 대답하자, 제나라 왕은 "이 네 놈, 얼바이우250의 목을 따라!"고 호령하여 네 사람은 250냥 때문에 위장 자객으로 죽임을 당하였다. 이후부터 250은 '바보, 머저리'로 비유하게 되었다.

당시 쑤친을 암살한 진짜 자객은 제나라의 대부 가운데 한 사람의 사주를 받았는데, 그는 외국인이 제나라에 와서 왕으로부터 대접을 받고 벼슬하는 것을 시기하여 저질은 짓이다.

돈을 미끼로 사용하면 그당시에도 효과가 뛰어났던 모양이다중국 흑룡강신문을 참조한 것임.

※ 얼바이우는 얼바이우셔에서 셔十가 생략된 것임.

# 티엔샨션미따쌰구 天山神祕大峽谷, 천산신비대협곡

티엔샨샨마이 天山山脉, 천산산맥는 중국의 가장 서쪽 씬장 新疆, 신강과 카자흐스탄·

키르기스스탄까지 동서로 2,500km 뻗어 있고, 남북의 폭 250~350km이다. 육지에

서 바다로, 다시 바다가 육지로 바뀌면서 지금의 형태는 1200만~200만 년 전에 갖추

어졌다.

이 산맥의 남쪽 기슭 끝자락 중간 지점에 위치한 도시 쿠처 庫車, 고차는 국도 G217

국도의 일부 구간 두쿠꿍루 獨庫公路, 독고공로 : 중국에서 가장 험악한 도로? 통행 가능 시기

는 매년 5월 1일~10월 1일 전후의 남쪽 시작점이다.

G217국도 중 두샨쯔 獨山子, 독산자~쿠처 庫車, 고차 구간 250km의 두쿠꿍루 獨庫公路,

독고공로는 10년간 공사하였다. 1983년 124명의 인민해방군을 희생하면서 개통

하였고, 2003년 7월에 포장하였다.

해발 3,700m로, 매년 5월에서 10월 초까지만 통행할 수 있다.

두쿠꿍루獨庫公路, 독고공로의 '커즈리야 협곡'까지는 해발 1,600~2,800m이며, 노변에 펼쳐지는 티에샨샨마이天山山脉, 천산산맥는 산악 사막의 극치로서 풀 한 포기 볼 수 없다.

쿠처에서 G217국도를 타고 북쪽으로 80km 전진하면 커즈리야<sup>克孜利亞, 극자리아</sup> 산속에 있는 '커즈리야 협곡' 입구가 나타난다.

'커즈리야'는 '붉은색 절벽'이란 뜻의 위구르 말을 중국 음역으로 번역한 말이다. 이 협곡은 1999년 10월 위구르족 청년이 약초를 캐다 발견하였으며, 쿠처따쌰구<sup>庫車大</sup> <sup>峽谷, 고차대협곡</sup> 또는 티엔샨셴미따샤구<sup>天山神祕大峽谷, 천산신비대협곡</sup>라고도 한다.

티엔샨션미따쌰구天山神祕大峽谷, 천산신비대협곡

대륙 960만 km$^2$

대륙 960만 km$^2$

억만 년의 지질 운동, 티엔샨天山, 천산의 빙하 · 눈 녹은 물, 비, 바람에 침식되어 조성되었다. 평균 해발 1,600m, 협곡은 남북으로 통하며 길이 5km, 폭은 좁은 곳은 0.4m 가장 넓은 곳은 53m에 달한다.

경이로운 것은 이러한 산악 사막 깊숙한 곳에 1000년 동안 감춰진 당나라 시대의 천불동千佛洞석굴이 있다는 것이다.

# 짜슈위이짠加水站, 가수참=주수소

중국에서는 주유소를 지아요우짠加油站, 가유참 : 기름 넣는 정거장이라고 부른다. 또 주수소注水所는 지아수웨이짠加水站, 가수참 : 물을 넣는 정거장이라고 부른다. 중국의 자동차가 물을 연료로 사용하는 것은 아닐 텐데 주수소가 왜 필요한가?

1960년대만 하더라도 자동차가 부실하여 달리든 차가 엔진 과열로 수시로 도로변에 정지하여 개울물을 퍼 넣어 식혀주곤 했었다. 이에 중국은 아예 '부실한 차량을 위해 유료 물보충소를 만들어주면 편리하겠구나'라고 생각하게 되었다.

중국의 산악 지역을 다니는 화물차는 디젤 연료보다 어쩌면 물이 더욱 중요하다고 할 수 있다.

짜슈위이짠加水站, 가수참=주수소

주수소는 수원 확보가 쉽지 않은 고지대에 설치되어 있다. 물을 충분히 준비하지 못한 화물차들은 주수소를 만나면 미친 듯이 물탱크를 채운다. 탱크 용량은 보통 400리트짜리 6개인 2,400리트이고, 그 이상인 차도 있다.

과적 단속 검문소가 곳곳에 있어서 먼 길을 가야 할 차량들은 사전에 검문소가 드문 길을 공부하여 갈 길을 선택한다. 따라서 이러한 선택된 길들은 과적 하중을 견디지 못하여 형편없이 파손된다. 한 예로서 티엔진天津, 천진에서 탕샨唐山, 당산 간 G25고속도로는 2008년 베이징올림픽 때 개통하였으나, 1년만에 전면 재시공했다. 부실 시공도 원인의 하나지만, 새로운 도로이어서 과적 검문소가 없었다는 것이 주원인이었다.

짜슈위이짠加水站, 가수참=주수소

대륙 960만 km²

철로도 구석구석 잘 발달되어 있지만, 넓은 대륙 중국을 어떻게 철로만으로 모두 감당할 수 있겠는가!

중국의 장거리 보통화물차우리로서는 초대형화물차의 허용 적재량은 100톤이며, 경우에 따라서는 100톤 리어카를 달고 다니기도 한다. 물론 100톤이라 하지만 50% 초과는 예사라고 하니, 우리나라 대형화물차 45톤을 생각하면 정말 대단하다. 덕분에 과적 단속하는 가짜 경찰관의 돈벌이도 괜찮다는 말이 있다.

여기서 장거리라는 것은 2~3,000km는 예사이며, 도로 또한 해발고도 5,000m가 넘는 곳도 있어서 연속 수십 km의 내리막길이 계속될 때도 있다. 직접 경험한 바에 의하면 쓰촨四川성의 S-205도로, G-214국도의 윈난云南성 구간 중에는 내리막길이 100km가 넘는 곳도 있다. 이러한 내리막길을 달리는 화물차를 상상해 보면 짐작이 갈 것이다.

경사진 내리막길을 내려가는 트럭은 브레이크에서 뿜어나오는 물로 인해 물안개를 일으키고, 노면은 비가 온 것처럼 젖어 영하의 기온일 때는 빙판길이 된다.

따라서 내리막길을 내려 갈 때는 브레이크 파열을 방지하기 위해서 브레이크 패드에 물을 뿌리면서 갈 수밖에 없다. 따라서 길바닥은 비가 온 것처럼 젖어 있어서 '빗길 운전 조심', 또는 '빙판길 운전 조심'

과적된 화물차는 계속되는 내리막길에서 브레이크 작동을 견디지 못하여 비상 대피소의 자갈밭에 처박히기도 한다.

미얀마 국경 도시 피엔마片馬, 편마로 가는 윈난云南, 운남성의 S316 도로는 직선 거리 20km이고, 실제 주행거리는 이정표상 100km직선 거리의 5배, 최고 지점 해발은 3,600m이다. 쉬지 않고 열심히 달리면 승용차로 두 시간 정도 소요된다. 이러한 길을 화물 100톤을 실은 트럭은…

짜슈위이짠加水站, 가수참=주수소

경사로에서 차량이 고장났을 때 바퀴에 받쳤던 돌을 그대로 두는 것은 다음 고장 차량을 위한 중
국인의 배려심.
그러나 안개 낀 야간에는...

대륙 960만 km²

# 커지아투로우<sub>客家土樓</sub>, 객가토루

커지아투로우客家土樓, 객가토루

마당 한가운데는 공동 우물을 설치하기도 하지만, 사당을 배치한 곳도 흔히 볼 수 있다.

'티엔루오컹田螺坑, 전라갱'이라는 이름의 쨩조우셔彰州市, 창주시 난징씨엔南靖縣, 남정현 쉬양쩐書洋鎭, 서양진 샹반춘上坂村, 상판촌에 있는 후왕黃, 황씨 일가의 투로우 군은 중국의 국보로 정해져 있으며, '찬란한 오중주' 또는 '오중주교향곡'이란 별칭이 붙어 있다. 1796년청나라 때에 처음 건축되기 시작했고, 원형環形3동, 타원형1966년 1동, 방형 1동, 그 외 부속 동(?)으로 구성되어 있다.

한때 미국 CIA에서 미사일 기지로 오해를 할 정도로 특이한 외형과 내부 구조로 이루어진 투로우土樓, 토루는 2008년 중국 36번째로 등재된 세계문화유산이다. 조사에 의하면 현재 남아 있는 것 중 가장 오래된 것은 1308~1338년에 건립된 후지엔셩福建省, 복건성 짱조우셔彰州市, 창주시 난징씨엔南靖縣, 남정현 쉬양쩐書洋鎭, 서양진 쌰반춘下坂村, 하판촌의 위창로우裕昌樓, 유창루라고 한다.

대륙 960만 km²

투로우의 주요 분포지는 지리적으로 지앙씨江西, 강서, 과앙똥廣東, 광동, 후지엔셩福建省, 복건성의 삼성三省 교접 지대이다. 특히 밀집 지역은 복건성의 짱조우셔彰州市, 창주시 난징씨엔南靖縣, 남정현, 후아안씨엔華安縣, 화안현, 핑허씨엔平和縣, 평화현 롱옌셔龍岩市, 용암시 용딩씨엔永定縣, 영정현 등의 험악한 산악 지대이다.

토루를 일반적으로 커지아투로우客家土樓, 객가토루라고 부르는 이유는 커지아런客家
人, 객가인 : 손님 즉 타지방에서 온 사람이란 의미이 단결(?)하여 이루었기 때문이다.

커지아런은 서진西晉 AD 265~316년 말년과 북송北宋 AD 960~1127년 말년에 걸쳐
전란의 재해를 피하여 대규모로 중원황하 유역에서 남하한 사람들피난민인데, 중국 정
부는 한족漢族의 한 가지支로 별도 분류하고 있다.

중국 정부의 발표에 의하면 한족은 중국 전체인구 14억 중 92%이고, 나머지 8%가
55개 소수 민족이다. 소수 민족이 사는 지역은 국토 면적의 60% 이상을 차지한다. 이
들이 사는 지역은 대부분 외국과의 국경 지역이기 때문에 전략적으로 중요하며, 가끔
독립을 주장한다. 희토류 · 석유를 위시하여 중요 지하자원의 보고이므로, 강경책과
유화책으로 다스리고 있다.

그렇다면 커지아런은 과연 소수 민족이 아닐까? 커지아런은 구앙뚱廣東, 광동, 후지
엔福建, 복건, 지앙씨江西, 강서, 후난湖南, 호남, 쓰촤안四川, 사천, 타이완臺灣, 대만 등지
에 거주하고 있다. 커지아런의 숫자는 중국 내에 1억, 해외에 4천만 명으로 추정된다.
이들은  단결력이 대단하고, 배타적이어서 외부와는 교류가 거의 없었으며, 정치 등
에서 저명 인물들을 많이 배출하였다고 한다.

대문성문을 들어서면 정면 1층에 사당이 있고, 양쪽으로는 세대별 주방과 손님방이 배치되어 있다.

커지아투로우客家土樓, 객가토루

알이루二宜樓, 이의루의 1층에 설치된
주방과 식당

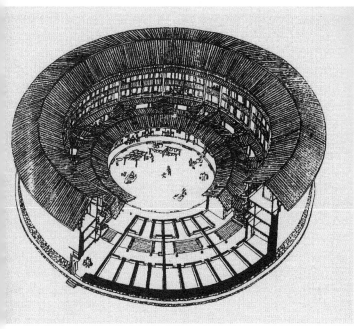

후지엔셩福建省, 복건성 쨩조우셔彰
州市, 창주시 후아안씨엔華安縣, 화안
현 씨엔두쌍仙都鄉, 선도향 따띠춘
大地村, 대지촌의 알이루二宜樓, 이의
루는 외경은 71.2m이며 외벽두께
는 2.5m대개 1m 전후이다. 1770년
건립되었고, 36호로 되어 있으며
220여 명이 살고 있다구조도는 中國
建築工業出版社 발행《中國古民居之旅》
로부터.

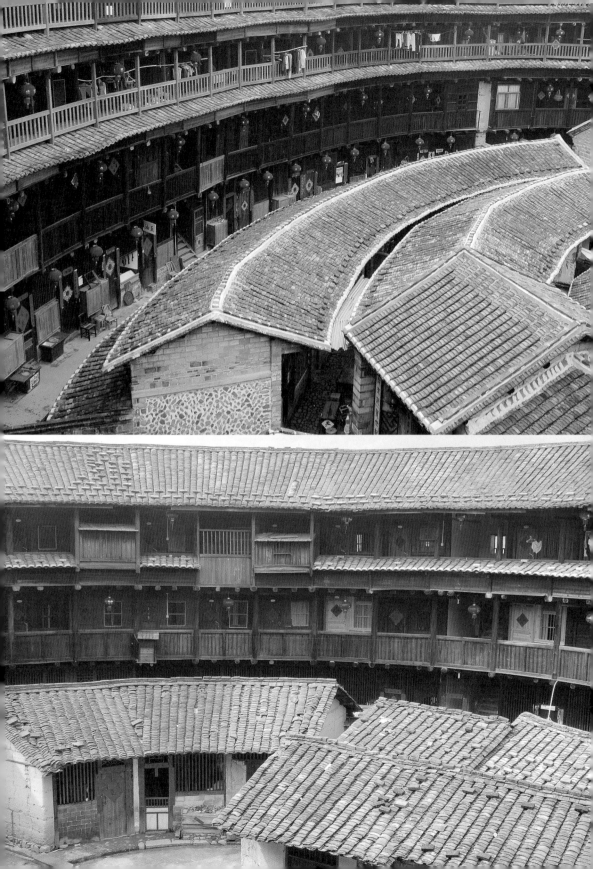

용딩씨엔 永定縣, 영정현 샤양쩐 下洋鎮, 하양진 츄씨 初溪, 초계 토루는 1723년부터 시작되었다.

토루의 형상은 환형環形이 주이지만, 방형方形, 타원형, 팔괘형八卦形, 반월형 등 지형에 부합되게 천자백태千姿百態의 특색을 이룬다.

현존하는 토루는 35,000좌 이상으로, 정확한 숫자를 알 수 없을 정도로 깊은 산속에 자리하고 있다. 가장 오래된 것은 1300년대 초1308년에 지어졌고, 최근에는 1966년에 지어진 것도 있다.

생토生土를 외벽의 주 재료로 사용하고, 여기에 돌·나무 토막을 끼워서 쌓았으므로 토루라는 이름이 생겨났다. 토루의 중요한 목적 중 하나는 외부인외적의 침입을 방어하는 것인데, 이 때문에 외벽이 두꺼워야 한다. 외벽은 보통 90cm 이상, 아주 두꺼운 곳은 250cm인 곳도 있다.

진흙 또는 흙벽돌, 돌, 나무토막을 번갈아 쌓았기에 '토루'라는 이름이 붙었다.

1층 마당에서부터 세대별로 계단을 설치한 곳도 있다.

하나의 토루는 보통 혈연 가족 중심으로 구성되어 있고, 각각 'OO루'라는 이름이 붙어 있다. 그 자체 내에 종교, 사회, 군사, 교육 등 주요 생활 시설을 모두 갖추고 있는 한 개의 성이라 볼 수 있다.

외부 연결 대문성문을 들어서면 정면에 사당이 있어서 혼상제례 및 회의 공간으로 이용된다. 하나의 세대는 3, 4개 층 단위이며, 1층은 부엌 살림 및 손님방, 2층은 곡물·농기구 창고, 3층 이상은 조그만 창이 있는 침실로 이루어진다.

각 세대의 수직 동선은 보통 우리의 아파트처럼 공용 계단을 이용하며, 2층부터는 세대별 내부 계단이 설치된 곳도 있다.

외부에 열려 있는 토루는 미완성으로 사용하고 있다.

커지아투로우客家土樓, 객가토루

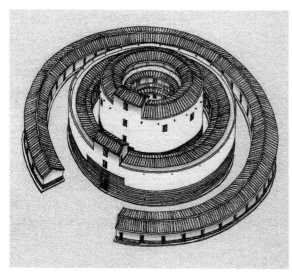

짱조우셔漳州市, 장주시 짱푸씨엔漳浦縣, 장포현의
진지앙로우錦江樓, 금강루는 내환, 중환, 외환의
순서로 지어졌으며, 내고외저內高外低의 형태를
이루었다《中國古民居之旅》에서.

대륙 960만 km²

# 황허黃河, 중화민족의 어머니 강=중국의 슬픔

진샤지앙金沙江, 금사강은 윈난성云南省, 운남성의 만년설산을 굽이굽이 돌아 쓰추안성四川省, 사천성으로 흘러들어 이빙宜兵, 의병에서 민지앙岷江, 민강과 합류하면서 창지앙長江, 장강이라고 이름이 바뀐다.
※ 외국에서는 양자강이라 하는데, 이는 창지앙의 일부분 명칭이다.

중국에서는 강을 '지앙江, 강'과 '허河, 하'로 구분한다.

먼저 지앙江은 물이 계곡·협곡을 따라 한결같이 흐르면서 강줄기의 위치 변화가 없다. '허河'는 보통 평원에서 건기乾期에는 물이 얕게 흐르다가 우기雨期에는 강바닥이 얕아서 홍수로 범람하여 지류의 위치가 수시로 바뀐다.

창지앙의 최상류는 투오투오허沱沱河, 타타하, 다음 통티엔허通天河, 통천하까지 하河로 불리고, 이후부터는 강江이 되어 '진샤지앙金沙江, 금사강'이란 이름으로 윈난성云南省, 운남성을 통과한 다음에는 '창지앙長江, 장강'이 된다.

'누지앙怒江, 노강'은 윈난성을 지나 미얀마에 들어서면 '살윈강'으로 이름이 바뀐다.

'란창지앙爛滄江, 란창강'이 윈난성을 통과한 다음에는 '메콩강'이 되어 라오스, 캄보디아, 베트남을
거쳐 남중국해로 흘러간다.

대륙 960만 km²

창지앙長江, 장강은 최상류에서 투오투오허沱沱河, 타타하라는 이름으로 출발하여 통티엔허通天河, 통천하로 이어진다. 여기서 허河로 분류되는 이유는 이 강은 칭짱가오위엔靑藏高原, 청장고원의 대평원에 위치하여 수심은 얕고 수원은 눈 녹은 물이어서 기온이 내려가면 얼어서 건기처럼 물이 흐르지 않고, 녹으면 범람하면서 지류를 수시로 바꾸기 때문이다. 그다음부터는 이름이 '지앙江'으로 바뀌면서 진샤지앙金沙江, 금사강, 이어서 창지앙長江이란 이름으로 뚱하이東海, 동중국해로 진입한다.

황허黃河, 황하는 '중화민족의 어머니 강'이라 부르며, 황투가오위엔黃土高原, 황토고원과 합작하여 인류 4대 문명 중 하나인 황하문명을 탄생시켰다.

황허는 총길이 5,464km의 세계 다섯 번째 강이다. 칭짱가오위엔靑藏高原, 청장고원에서 발원하여 황투가오위엔黃土高原, 황토고원, 타이항샨마이太行山脈, 태행산맥를 지나 후아베이華北, 화북평원만리장성 이남과 창지앙, 長江 북쪽 사이에 도달하면 위의 고원과 산맥의 침식토가 퇴적되어 강바닥이 얕아져 수시로 재앙적인 범람을 일으키기 때문에 이 강은 '중국의 슬픔'이라는 별명을 갖게 되었다.

허난성河南省, 하남성의 수도 쩡쪼우鄭州, 정주 북쪽 변을 흐르는 황허. 여기서부터 후아베이華北, 화북 대평원 지역의 황허 하류이다. 역사상 수십 번 물길이 바뀌었고 거의 매년 홍수가 일어났다. 중화민족의 어머니 강이며 중국 문명의 발상지이기도 하다. '황허를 다스리는 것이 중국의 역사를 다스리는 것이다.' 즉 중국의 대표적인 치수治水 목표물이라 할 수 있다.

황허黃河, 중화민족의 어머니 강=중국의 슬픔

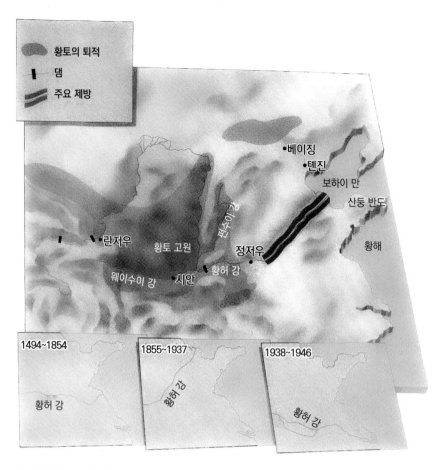

오랜 세월에 걸쳐 황허 하류의 지류는 카이펑開封, 개봉 근처를 기점으로 여러 번 바뀌었다.

기록에 의하면 다음과 같다.

» 1494~1854년 : 후아이허淮河, 회하 하류와 만남360년 동안

» 1855~1937년 : 현재의 하류와 비슷함

» 1938~1946년 : 창지앙長江 하류와 만남불과 70년 전

이 이후 카이펑에서부터 제방을 설치하여 현재의 하류를 유지하고 있다위의 그림은 영국 Mitchell Beazley International과 독일 Bertelsmann Lexikon Verlag 출판사와 출판 계약하여 한국의 중앙교육연구원이 1996년에 발행한 《Lands & Peoples》로부터

대륙 960만 km²

여기서 주목해야 할 황허黃河 또는 황해黃海라는 이름을 만들게 된 황투가오위엔黃土高原, 황토고원을 알아볼 필요가 있다.

황투가오위엔은 칭하이성靑海省, 청해성의 르위에샨마이日月山脈, 일월산맥와 타이항샨마이太行山脈, 태행산맥, 완리창청萬里長城, 만리장성, 친링샨마이秦嶺山脈, 진령산맥으로 둘러싸인 가운데에 있는 500,000km²우리나라 한반도 면적의 2.3배의 고원으로, 세계 최대 규모의 불가사의한 황토 침적沈積 지역이다.

바람에 침식, 빗물에 침식, 강물에 침식, 또 침식

대륙 960만 km²

두터운 황토층은 수천 년 전부터 야오똥窯洞, 요동이라는 토굴집을 짓게 하여 사람들이 살 수 있게
해 주었다.

불가사의한 내용은 침적된 황토의 양이다. 고원 지하의 기존 암석층 위에 쌓여 있는 침적층의 두께는 평균 50~100m이다. 두꺼운 곳은 200m이고, 가장 두꺼운 깐수셩<sup>甘</sup>肅省, 감숙성의 수도 란쪼우蘭州, 란주 지역에는 300m 이상인 곳도 있다.

천문학적인 양의 황토는 어디에서 어떻게 와서 이곳 고원에 퇴적되어 있는지, 즉 '황토의 발원지'와 '퇴적 생성 원인'을 세계의 지질학계에서 100년간 논쟁했어도 풀지 못하고 있다. 큰 줄거리는 수성설水成說 : 물이 황토를 운반했다고 봄과 풍성설風成說 : 바람이 황토를 운반했다고 봄의 두 가지로 압축된다. 풍성설에 더 비중을 두고 있지만, 이 또한 받아들이기엔 문제점이 있다.

침적된 황토의 두께가 300m에 달하는 깐수셩甘肅省, 감숙성의 수도 란쪼우蘭州, 란주 근교

씬장新疆, 신강 **쿠무타거샤모**庫木塔格沙漠, 고목탑격사막의
**모귀청**魔鬼城, 마귀성은 풍식의 극치를 이루면서 황허를
물들인다.

황허의 최상류 칭하이셩青海省, 청해성 **차이다무샤모**柴達木沙漠, 시달목사막
고원의 거센 바람은 풍식을 일으켜 미세한 입자는 멀리까지 날려 보내
고 거친 입자는 모래밭을 이룬다.

씬장新疆, 신강의 타크라마간샤모塔克拉瑪干沙漠, 탑극랍마간사막, 쿠무타거샤모庫木塔格沙漠, 고목탑격사막의 모래 폭풍은 차량 윈도우 브러시를 가동할 정도로, 비가 오는 데도 위력을 발휘하여 황사라는 이름으로 3,000km 이상을 날아서 우리나라까지 온다.

황사는 타크라마칸사막에서 바람을 타고 온 것으로 본다. 타크라마칸사막의 석유 개발할 때 밝혀진 지질 조사에 의하면, 과거 사막의 지하는 호수였다. 사막층의 두께를 계산하여 감정했을 때 타크라마칸사막의 역사는 1만 년 정도이다. 그런데 황토고원의 퇴적은 250만 년 전부터 시작되었으니, 이에 대한 시차 249만 년은???

이러한 감정 결과는 풍성설에 대한 큰 의문점이다.

그렇다면 고원의 황토가 중국 내의 것이 아니라면 아주 먼 지역에서 날아온 손님인가, 아니면 원래부터 이 자리에 있던 것인가?

※ 중국 북경출판사 발행 :《중국국가지리》
　참조

샨씨셩山西省, 산서성과 샤안씨셩陝西省, 섬서성을 가르는 황허는 침식에 의해 대협곡을 이룬다.

대륙 960만 km$^2$

황허에 진입 직전의 고원 협곡은 황토입자에 의한 침식의 절정을 이룬다.

대륙 960만 km$^2$

샤안씨셩陝西省, 섬서성과 샨씨셩山西省, 산서성의 경계를 이루는 황허 중류의 끝자락에 있는 후코우
푸부壺口瀑布, 호구폭포는 황토층 아래에 있던 기존 암석층을 적나라하게 노출시켜 장관을 이룬다.
중국의 가장 저명한 관광지 중 하나이다.

황허는 중류 지역 황토고원을 통과하면서 고원의 황토가 침식되어 황허의 물은 황색으로 바뀌어
황허, 바다로 접어들면서 황해라는 이름까지 얻었다.
눈으로 느낄 정도로 벌어지는 침식·퇴적은 강바닥을 얕게 하여 천정천天井川이 되어 물길을 수시
로 바꾸어가며 홍수를 일으킨다.

황허삼각주는 고도가 얕기 때문에 바닷물 역류 방지 또는 삼각주 내의 황허 지류의 수위 조절을 위한 수문 및 방조제가 필요하다.

대륙 960만 km$^2$

황허가 바다에 진입하기 직전의 장소에 설치된 부교배다리. 지질상 고정된 교량은 설치가 어려울 것이다.

닝샤寧夏, 녕하경계 네이멍구内蒙古, 내몽고 어얼두오쓰鄂爾多斯, 악이다사 시 구역의 국도G109와 바얀나오얼巴彦淖爾, 파언뇨이 시 구역의 국도G110 사이 13km를 연결시키는 이곳 황허의 폭은 1,800m이다.

대륙 960만 km²

발해 내 발해만에서 1986년부터 채유 개발을 시작되어 지금 한창 원유를 뽑아내고 있으며 계속 새로운 유정을 시추하고 있다. 2013년 인천과 중국의 천진 사이를 왕복하는 정기여객선에서 볼 수 있는 시추 현장 또는 유정은 11개였다.

황허에 의한 퇴적이 없었다면 바다 밑에서 석유<sub>황허 하류의 유전</sub>를 퍼 올려야 할 것이다.
여기서 직선 거리 500km이면 우리의 서해안인데, 우리는 아직 석유를 찾지 못하고 있다.

대륙 960만 km²

대평원의 습지는 철새들의 낙원이 되었다.

지대가 얕은 삼각주 내의 홍수 방지를 위하여 대형 펌프장이 설치되어 있다.

물이 부족한 지역이어서 비탈에 나무를 심고 밑둥치에 물주머니를 만든다. 수평 상태의 계단식 농토로 토사 유실을 방지한다.

대륙 960만 km²

황토고원은 사막성 기후로서 연강수량은 400~600mm이지만, 비가 내리거나 쌓인 눈이 녹을 때는 많이 침식된다. 이때 단단하지 못한 황토층은 유실되는데, 그 지역은 총면적의 90%를 차지한다. 매년 유실되는 황토층의 평균 두께는 1cm인데, 형성 속도에 비해서 100~400배 빠르다.

이에 대해서 중국 정부는 종합적인 고원 보호 대책으로 식수, 조림, 초지 조성, 경작지는 계단식으로 수평되게 하고 있다. 고원의 황토 침적량은 평균 두께를 75m로 계산했을 때 우리나라 국토를 덮는다면 400m의 두께로 쌓이게 된다.

황허는 하류로 접어들기 전 하류를 예고하듯이 크게 꿈틀거리기 시작한다.

# 카스터喀斯特, 객사특=카르스트, Karst

많은 사람들이 중국의 석림石林, 계림桂林, 베트남의 하롱베이 등을 관광하고 오지만, 카르스트 지형에 대해서는 관심을 갖지 않기에 카르스트에 대해 알아보기로 한다.

'카르스트'라는 말의 어원은 남 슬라브 지역의 한 지명이다. 이곳은 이탈리아 북부의 베네치아 동쪽 아드리아해 건너, 유고슬라비아 북서부 크로아티아Croatia에 있는 크라스Kras산맥에 위치하는데, 이 지역 지형의 특이함이 본보기가 되어 '카르스트 지형'이라는 명칭이 붙게 되었다. 카르스트Karst의 중국식 외래어 표기는 카스터喀斯特, 객사특, 뜻을 풀이하면 옌롱岩溶, 암용 : 녹은 바위이다.

카르스트 지형은 필자가 직접 탐사한 우리에게 잘 알려진 중국 윈난의 셔린石林, 석림과 꾸이린桂林, 계림의 리지앙漓江, 이강, 베트남의 하롱베이, 한국 동해안 태백산맥의 종유동 등이다.

대륙 960만 km²

윈난云南, 운남 쿤밍昆明, 곤명의 셔린石林, 석림

카스터喀斯特, 객사특=카르스트, Karst

광씨廣西, 광서 꾸이린桂林, 계림의 리지앙漓江, 이강 풍경

대륙 960만 km²

카스터喀斯特, 객사특=카르스트, Karst

베트남 북부 해안의 하롱베이

대륙 960만 km$^2$

쿤밍의 지우쌍九鄕, 구향 종유동

쿤밍의 지우샹九鄕, 구향 종유동전 페이지 사진과 협곡. 카르스트 지역의 협곡은 동굴이 무너진 것이다.

대륙 960만 km$^2$

## 🦮 카르스트 지형의 생성 원리

'카르스트' 지형의 생성 과정은 다음과 같다.

먼저 석회암이 만들어져야 한다. 석회암은 우리가 잘 알고 있는 포틀랜드 시멘트 Portland cement : 시멘트의 정식 명칭의 원료인데, 바다가 공장이 되고 산호·석회질 조류·석회질 플랑크톤·유공충有孔蟲·연체동물 등의 사체가 원료가 된다. 이들이 해저의 바닥에 쌓여서 방해석CaCO₃ : 탄산칼슘이 주성분이며, 석회석의 초기 단계층을 만든다. 여기에 오랜 시간 압력과 열이 가해지면 생물학적 퇴적암·석회암이 형성된다. 또한 석회암이 지하 마그마의 열을 받아 더욱 계속 변성 발전하면 대리석이 된다.

카스터喀斯特, 객사특=카르스트, Karst

지상으로 노출된 빗물에 녹기 전의 석회암

대륙 960만 km$^2$

카스터喀斯特, 객사특=카르스트, Karst

탄산빗물에 녹은 석회암

대륙 960만 km$^2$

바다 밑에서 형성된 석회암은 지각 운동에 의해 지상<sup>해상</sup>으로 노출된 후 빗물과 대기 중의 이산화탄소와 반응하여 약한 탄산수<sup>炭酸水</sup>가 만들어지고, 이렇게 만들어진 탄산은 석회암을 녹이고, 바람 · 열팽창 · 수축 등의 풍화 작용으로 카르스트 지형이 만들어진다.

카스터喀斯特, 객사특=카르스트, Karst

윈난云南, 운남성 원샨文山, 문산의 석회암 노두와 훙써쉬후이투 홍색석회토紅色石灰土=붉은풍화토, terra
rossa. 홍색석회토는 석회암 이외의 비용해성 산화철 성분이 혼합된 것이다.

대륙 960만 km²

# 🗺️ 카르스트 지역에서 나타나는 지형

## 🌿 돌리네 Doline, 티엔컹, 天坑, 천갱

카르스트 지형에서 가장 많이 나타나는 대표적인 특징이 돌리네 Doline이다. 생성 과정은 탄산칼슘이 주성분인 석회암에 수직 또는 수평 절리로 스며든 빗물산성이 석회암을 용해시켜 용액 상태로 운반되면 절리가 차츰 커져 종유동을 만든다. 종유동굴이 충분히 커져서 점점 확장되면 상부의 지표는 자체 하중을 감당하지 못하여 단층이 일어나듯 붕괴·함몰된다. 이것을 돌리네라 한다. 여러 개의 돌리네가 서로 연결되면 폴리에 Polje라고 하는 훨씬 큰 함몰지가 형성된다.

※ 참고 : 싱크홀은 카르스트와 상관없이 함몰된 것을 말한다.

돌리네Doline를 중국에서는 티엔컹天坑, 천갱이라고 하는데, '하늘이 만든 구덩이'라고 번역할 수 있다. 이것은 깔때기 모양으로 단층이 일어나듯 함몰된 지형인데, 큰 것은 직경과 깊이가 수백 m 되는 것도 있다. 돌리네는 대부분 동굴과 연결되어 있다.

광씨성廣西省, 광서성은 중국에서 카르스트가 가장 많이 분포되어 있으며, 펑샨씨엔鳳山縣, 봉산현의 돌리네와 동굴은 중국국가지질4성급공원으로 지정되어 있다.

대륙 960만 km²

카스터喀斯特, 객사특=카르스트, Karst

광씨성廣西省, 광서성의 러예樂業, 락업에 26개가 분포되어 있는 돌리네는 '세계돌리네박물관'이라
고 중국은 자랑세계지질공원하고 있다. 그중 가장 규모가 큰 따셔웨이大石圍, 대석위돌리네는 해발
1,468m 위치에 깊이 613m, 동서 직경 600m, 남북 직경 420m, 용적 6,700만 m³라고 한다. 중국국
가4성급지질공원.
동굴수로과 연결되어 있어서 사진은 안개로 인해 흐리지만, 마치 단층이 일어난 듯 절벽을 이루고
있는 모습을 볼 수 있다.

대륙 960만 km²

## 🌿 폴리에Polje, 盲谷, 맹곡

폴리에Polie는 보통 바닥이 편평하며 석회암 지대의 불용성 잔유물로 된 토양돌리네 발생 때 무너진 상부의 표토으로 덮여 있어서 수분이 포함되어 있다. 대부분 지하 하천과 연결되어 있기 때문에 곳에 따라 용천샘이 솟아올라 불모의 암석 지대인 카르스트 지역 내에서도 경작을 가능하게 한다.

폴리에는 크로아티아어로 농사 지을 수 있는 토지띠라는 뜻인데, 이는 불모지 카르스트의 상대적인 의미이다.

카르스트 지역은 일반적으로 불모의 암석 지대여서 지하 하천, 동굴, 돌리네 등이 나타난다. 지표에는 빗물이 땅속으로 스며들기 때문에 하천 · 호수가 발달하지 않는 특성이 있다.
광씨廣西, 광서에 널리 분포된 카르스트 꾸이린桂林, 계림, 바이쓰百色, 백색, 허치河池, 하지 등등. 이들 지역에는 경작지가 드물며, 폴리에가 발달된 지역은 지하 하천에 의해 수분이 공급되므로 그나마 밭을 이룰 수 있다.

카스터喀斯特, 객사특=카르스트, Karst

카르스트가 발달된 곳은 밀도 높은<sup>순도 높은</sup> 석회암의 존재, 지표 부근의 절리<sup>節理</sup> 발달, 특히 많은 양의 강수<sup>降水</sup>, 활발한 지하수<sup>하천</sup>의 순환 등이 이루어지고 있다. 이러한 상황은 경작을 가능케 하는 조건이 되기도 한다.

대륙 960만 km²

산비탈에 설치된 빗물 저장 탱크와 석회암 지대에서 흔히 볼 수 있는 홍색석회토

카스터喀斯特, 객사특=카르스트, Karst

평지가 아닌 산비탈의 전답은 계단식이 되기 마련이다. 빗물이 지하로 스며들기 때문에 빗물을 모아 물탱크에 저장하여 농업용수와 생활용수로 사용한다.

대륙 960만 km²

## 🌿 동굴Cave, 洞窟=洞穴, 동혈

카르스트 지역에서 돌리네와 함께 많이 나타나는 지형으로 동굴洞窟과 종유동鐘乳洞을 들 수 있다. 동굴은 화학적 용식溶蝕에 물리적 침식 작용이 합세하여 이루어지며, 종유동은 물리적 침식 작용의 영향은 거의 받지 않는다.

바다 밑에서 생성되어 지상으로 융기된 석회암石灰巖, Limestone은 산성을 띤 빗물에 쉽게 용해된다.

동굴을 중국에서는 똥쉬에洞穴, 동혈라고 하며, 동굴을 벗어나면 대개 돌리네와 연결된다.

카스터喀斯特, 객사특=카르스트, Karst

동굴은 지하에 스며든 빗물탄산수이 석회암의 수평 절리나 균열된 틈을 따라 석회암을 용해溶蝕 : 화학적 용식시킴으로써 형성된다. 이것이 차츰 발전하여 탄산수를 계속 흘려보내면 수평 절리가 확장 발전되어 지하수로소규모 河川 : 江를 이룬다.

한편 빗물에 녹지 않는 잔유물질들을 함유한 흐름은 유속에 의한 마찰물리적 침식로 인하여 더욱 침식 확장되어 차츰 큰 규모의 동굴로 발전된다. 따라서 이러한 동굴에는 종유석·석순 같은 것이 존재하지 않는다. 다만 천정 부분에 절리를 타고 내려온 이물질들이 매달려 있을 정도이다.

윈난云南, 운남의 '쭝디엔中甸, 중전=쌍거리라香格里拉, 향격리랍=지엔탕建塘, 건당' 시가지 서쪽 외곽에 있는 티엔셩챠오天生橋, 천생교라고 이름 붙여진 동굴

대륙 960만 km²

광씨성廣西省, 광서성 **펑샨씨엔**鳳山縣, 봉산현 **4성급 국가지질공원**

광씨셩廣西省, 광서성 펑샨鳳山, 봉산의 동굴. 동굴 내에는 대부분 하천이 있고, 천정에는 절리를 따라 흘러내린 이물질이 매달려 있다. 이는 종유석이 아니다.

대륙 960만 km²

윈난성云南省, 운남성 지우샹九鄕, 구향의 종유동과 연결된 동굴. 이어서 협곡이 있다.

카스터喀斯特, 객사특=카르스트, Karst

## 🌿 종유동Limestone Cave, 鐘乳洞=石灰巖洞穴, 석회암동혈

종유동 지하로 스며든 빗물이 수직 및 수평<sup>입체적</sup>으로 석회암을 용해시키면<sup>화학적</sup> <sup>용식</sup> 용해된 용액이 하부의 공동<sup>空洞</sup>으로 절리를 따라 방울져 떨어져 재침전·고체화되어 고드름처럼 매달려 자라서 종유석鐘乳石, 석순石筍, 나아가서 석주石柱 등 다양한 형태들을 만든다.

흘러드는 빗물은 종유동 내부를 계속 용식시켜 내부가 크게 확장되면 상부는 자신의 무게에 의하여 무너져 돌리네를 발생시킨다. 종유동에도 많은 양은 아니지만 물이 흐르고 폭포도 있으나, 하천이라고 할 만한 규모는 아니다.

일반적으로 종유동 내의 종유석은 가장 오래된 것은 100만 년이고, 최소 35만 년 이상이 된다.

윈난云南, 운남 쿤밍셔昆明市, 곤명시 이량씨엔宜良縣, 의량현 지우쌍九鄕, 구향 종유동

대륙 960만 km²

카스터喀斯特, 객사특=카르스트, Karst

광씨쭈앙쭈쯔츠취廣西壯族自治區, 광서장족자치구의 롱공씨엔징龍宮仙境, 용궁선경 종유동

대륙 960만 km$^2$

## 천연 다리 Limestone Natural Bridge

자연의 힘으로 형성된 다리(?)

이것을 중국인들은 티엔챠오天橋, 천교라고 부르고, 지역마다 다른 고유의 명칭을 붙인다. 티엔셩챠오天生橋, 천생교, 씨엔런챠오仙人橋, 선인교, 위에량月亮, 월량 : 달 또는 보름달 등등.

천연 다리는 카르스트 지형에서 동굴의 일부로 보면 된다. 더욱 많은 시간이 흘러서 길었던 동굴 천정이 무너질 때 불순물이 많이 함유된 부분은 녹아내리지 않고 남아 다리 모양을 하고 있다.

카스터喀斯特, 객사특=카르스트, Karst

대륙 960만 km$^2$

광씨쭈앙쭈쯔취廣西壯族自治區, 광서장족자치구 바이쓰셔白色市, 백색시러예樂業, 락업 세계지질공원의 뿌류허布柳河, 포유하협곡16.9km에 있는 천연다리를 현지에서는 신선이 거닌다는 뜻으로 씨엔렌챠오仙人橋, 선인교라 한다. 폭 19.3m로 세계 최대이다.

카스터喀斯特, 객사특=카르스트, Karst

대륙 960만 km$^2$

광씨쭈앙쭈쯔쯔취廣西壯族自治區 구이린셔桂林市, 계림시 양슈오씨엔陽朔縣, 양삭현의 위에량샨月亮山, 월량산은 G321국도에서 관망할 수 있다.

대륙 960만 km$^2$

중국 윈난성云南省, 운남성과 미얀마Myanmar 국경 사이 남북으로 350km 뻗어 있는 가오리꿍샨高黎
貢山, 고여공산산맥 중간 부분 누지양리쑤쭈쯔츠쯔우怒江傈僳族自治州, 노강율속족자치주 후꿍씨엔福貢縣,
복공현의 셔위에량石月亮, 석월량에 있는 셔위에량샨石月亮山, 석월량산. 해발 3,360m 정상에 폭 33m,
높이 60m의 구멍이 마치 달처럼 보인다.

카스터喀斯特, 객사특=카르스트, Karst                                                    **173**

사진은 카르스트 지역의 천연다리가 아니고 안후이성安徽省, 안휘성 안칭셔安慶市, 안경시 후샨浮山의 화산활동에 의해서 생긴 Lava Tunnel용암 동굴, 화산 동굴이다. 이는 화산 폭발 시 흘러내리는 마그마와 그 속에 포함된 가스의 작용에 의해 생성된 것이다. 우리나라에는 제주도의 만장굴이 이에 해당한다.

대륙 960만 km$^2$

카스터喀斯特, 객사특=카르스트, Karst

## 🏛 카르스트 지역의 생활

카르스트의 지표면에는 넓은 지역에 걸쳐 하천이 전혀 존재하지 않기도 한다. 비가 많이 내려도 지하로 완전히 스며들기 때문에 생활 용수조차 찾기 힘든 경우가 많다. 반면 우물처럼 물이 지표면으로 노출<sup>유출</sup>되어 하천을 이루어 흐르다가 다시 지하로 사라지는 지역도 있다.

카스터喀斯特, 객사특=카르스트, Karst

대륙 960만 km$^2$

하천이 있으면 사람이 살게 되고, 큰 하천이 있으면 도시가 들어서게 된다. 하천의 물은 석회질이 녹아 있기 때문에 맑지 않고 뿌옇게 녹색을 띠면서 흐리다. 석회암에 불순물이 많이 함유된 곳은 빗물에 녹지 않으니까 산으로 남아 있다. 비탈이 급경사나 절벽을 이루더라도 산사태가 나지 않고 무너지지도 않는다.

중국-베트남 국경에 걸쳐 있는 떠티엔푸뿌德天瀑布, 덕천폭포. 카르스트는 중국 광씨에서 베트남 하롱베이까지 계속 이어진다.

대륙 960만 km$^2$

베트남 하롱베이에는 3,000여 개의 카르스트지형 섬이 있지만, 특성상 사람이 살 수 없다<sup>무인도</sup>.
어업하는 사람, 관광 종사자들 모두 선상 생활을 한다.

카스터喀斯特, 객사특=카르스트, Karst

대륙 960만 km$^2$

카르스트 지형에서 볼 수 있는 산속<sup>지하</sup>에서 분출되는 폭포

카스터<sup>喀斯特</sup>, 객사특=카르스트, Karst

윈난云南, 운남 원샨셔文山市, 문산시의 G323국도 상에 있는 세계 제일 높은 다리의 교각, 지형의 특성상 카르스트 지역에서 연속된 봉우리를 연결해야 하는 도로 상황에서 이루어진다.

대륙 960만 km²

꾸이린의 산수처럼 색다른 풍경은 관광 자원이 되기도 한다. 세계에서 제일 높은 교각을 만들어야 하기도 한다.

현대 건축에 필요한 콘크리트의 원료, 천연 모래, 자갈 등이 없으니 침식·용식된 석회암에는 골재가 있을 수 없다 순도가 낮은 석회암을 분쇄해서 이용하게 된다 아래 사진.

지구의 표층은 석회암이 가장 많이 분포되어 있다고 한다. 필자가 체험한 중국의 카르스트 지역은 윈난云南, 운남, 광씨廣西, 광서, 꾸이조우貴州, 귀주이며, 이어진 베트남의 북부 해안 지역의 하롱베이이다.

석회 순도가 낮은 석회암을 분쇄해서 자갈을 대신한다.

카르스트 喀斯特, 객사특=카르스트, Karst

대륙 960만 km²

꾸이조우성貴州省, 귀주성 안쑨셔安順市, 안순시에 있는 후앙구오슈푸뿌黃果樹瀑布, 황과수폭포는 폭 81m로
중국에서 제일 큰 폭포이며, 카르스트 지역 폭포로서는 세계에서 제일(?) 크다.

제 2부

한·중 국경 3,500리

| 노정路程, promenade |

중국의 베이스캠프인 티엔진天津, 천진 탕구塘沽, 당고를 출발하여 G25, G1
고속도로를 이용하여 탕샨唐山, 당산, 샨하이꽌山海關, 산해관, 진조우錦州,
금주, 랴오중遼中, 요중을 지나 션양沈陽, 심양에서 G11고속도로 바뀌어서
번시本溪, 본계, 펑청鳳城, 봉성을 거쳐서 밤늦게 단똥丹東, 단동에 도착한다.

1900년대 초 일제가 의주의 서쪽에 신의주라는 이름으로 신도시를 건설 · 활성화시킴으로써 조선
시대 활발했던 의주는 크게 발전하지 못했다.

한 · 중 국경 3,500리

# 육이오동란의 비극적인 상처

240여 년 전 1780년 박지원이 쓴 청국기행문 《열하일기》熱河의 현재 지명은 청떠(承
德, 승덕)에는 의주義州 : 압록강 하구로부터 상류 쪽으로 50km 지점에서 배를 타고 강을 건
너 중국의 주렌청九連城, 구련성을 거쳐서 책문짜먼, 柵門 : 국경출입국관리소으로 들어섰
다고 기록되어 있다.

단뚱丹東, 단동의 주렌청九連城, 구련성을 복원하면서 중국 정부는 허베이성 샨하이꽌山海關, 산해관 라
오룽토우老龍頭, 노룡두에서 끝난 만리장성이 2009년부터 여기까지 이어진다고 주장하고 있다.

만리장성의 동쪽 끝에 당시 군사적으로 중요한 '천하제일관'이란 이름의 샨하이꽌山海關, 산해관이 거대하게 자리하고 있다. 이어서 용머리는 바다로 들어간다.

만리장성은 동쪽 바다 보하이渤海, 발해 2~30m까지 유입되게 하여 '라오룽토우老龍頭, 노룡두'를 설치했다. 이와 같이 바다까지 유입되게 만든 것은 만리장성의 시작이자 끝이라는 의미도 된다. 중국인들은 만리장성을 중국을 지키는 한 마리의 거대한 용이라고 했다. 라오룽토우老龍頭는 용의 머리라는 뜻이므로, 머리 앞에는 또 다른 무엇이 있을 수 없다는 것으로 볼 때 단둥까지 계속된다는 말은 모순이 된다.

그러나 지금은 북한과 통행이 단절되어 북한 지역을 통할 수 없다. 다시 말해서 육로로는 국경을 넘어갈 수 없다는 것이다. 비극적인 현실은 한반도 국경의 시작점인 압록강 하구부터 온통 전쟁의 상처로, 제일 먼저 접하는 중국의 국경 도시 단뚱丹東, 단동 언덕에는 중국의 공식적인 전쟁기념관 〈항미원조抗美援朝 : 미국에 대항하여 북조선을 도움기념관〉이 거창하게 자리하고 있다.

또한 압록강에는 하구 국경 도시인 신의주와 중국 단뚱을 연결했던 끊어진 다리를 맞닥뜨리게 된다. 이렇게 국경의 서쪽 끝 시작부터 맞이하게 되는 6.25전쟁의 상처는 70년 역사 단절에 공헌하는 상징적인 기념물로 되어 있다.

1950년 6월 25일 새벽 북한군이 38선 이남으로 예고 없는 기습 침공하였고, 1951년 1월1.4후퇴 중국 공산당 인민지원군의 공세로 서울이 재점령당하였는데, 그당시의 상처가 국경 곳곳에 남아 있다.

6.25 한국전쟁에서 북한을 지원한 중공군은 연합군UN군이라는 말을 배제하고, 오직 미국이 전쟁을 주도한 것으로 오도하면서 중국은 조선을 도와 미국에 대항한다는 의미를 가진 <항미원조기념관>을 단뚱시내 북측 높은 언덕에 거창하게 건설하였다. 일반 중국인들은 아예 연합군UN군이라는 단어 자체를 모르므로 이 기념관은 중국인민들의 반미 교육장이 되어 인민들의 애국심 고취에 지대한 역할을 한다.

단교 옆 유람선 선착장에는 중국군이 설치한 국경에서의 금지 사항 6가지인 ① 국경 법규 지키기, ② 밀수 아편 판매 금지, ③ 국경 시설 손상 금지, ④ 북한 측에 물건 던지기 금지, ⑤ 북한 측 군을 향해 사진 촬영 금지, ⑥ 월경 금지 등의 경고판이 서 있다. 2000년대 초반만 하더라도 한국 관광객들이 유람선을 타고 강 건너편까지 접근할 수 있었기 때문에 그때 네 번째 항목이 생겼다.

신의주-단둥의 끊어진 철교는 일제강점기에 만주 지역의 경제 침략을 목적으로 1909~1911년 전장 944m로 건설되었다. 1950년 11월 8일 중공군의 개입을 차단하기 위하여 유엔군의 폭격으로 다리 중앙 부분 개폐 장치부터 북한 측까지 파괴되었다.

한편 중공군은 단둥에서부터 강의 상류 쪽 60km 지점수풍댐 30km 전의 창디엔쩐 長甸鎭, 장전진 허코우河口, 하구와 북한 의주군 청성淸城 사이에 있는 청성교를 1950년 10월 19일 펑더후아이彭德懷, 팽덕회 원수의 지휘 아래 중공인민지원군부대가 건넜다.

또한 마오쩌뚱毛澤東, 모택동의 장남인 마오안잉毛岸英, 모안영이 러시아쏘련어 통역 겸 비서직책으로 10월 23일 한국 전장으로 건너갔다고 기록되었다. 그는 1개월이 지난 11월 25일 오전 11시 미 공군의 공습에 28세의 나이로 전사했다. 아버지 마오쩌뚱毛澤東의 뜻에 따라 평안남도 회창檜倉에 있는 중공인민지원군참전묘지에 묻었다고 안내판에 적혀 있다.

압록강 제1의 끊어진 의주단교는 한국인들이 많이 찾는 중국의 중요한 관광자원이 되었다.

청성교는 일본제국이 조선과 일제가 세운 만주 괴뢰국을 이용하여 경제 및 군사 침략을 목적으로 1941년 공사를 시작하여 폭 6m, 길이 709m, 22개의 교각으로 1942년 12월에 준공했다. 10여 년이 지난 1951년 3월 29일 연합군 전투기의 폭격으로 폭파되었다.

이러한 상처들은 전쟁기념상징물이 되어 중국 측에서는 관광상품으로 돈벌이에 톡톡한 역할을 하고 있다.

압록강 제2단교인 청성교에는 중국에서 '굴욕과 한탄의 청성교'라고 이름 지어 놓고 관광사업에 열중하고 있다.

毛岸英，原籍湖南省湘潭县韶山冲，
毛泽东的长子。1950年10月，他响应中共中
央和毛泽东主席"抗美援朝，保家卫国"号
召，率先报名参加中国人民志愿军，被誉为
"志愿军第一人"。10月23日，从长甸河口
跨过鸭绿江，赴朝参战，时任志愿军总部俄
语翻译兼机要秘书。11月25日上午11时，遭
美国空军轰炸，壮烈牺牲，年仅28岁。遵照
毛泽东的意愿，安葬在朝鲜平安南道桧仓中
国人民志愿军烈士陵园。
中共丹东市委　　　　敬立2010年11月25日
丹东市人民政府

마오안잉의 동상과 청성교의 보안을 위한
토치카진지와 마오안잉 소개판

육이오동란의 비극적인 상처

관광용으로 장식되어 있는 청성교에는 교량의 역사 자료를 전시하고 있다.

의주의 상판 없는 목책교각

한·중 국경 3,500리

강을 따라서 백두산을 향하여 계속 전진하면 6.25전쟁 당시 인천상륙작전 후 1950
년 11월 연합군이 최초로 압록강에 도달해서 벌어진 전투의 흔적이 양강도의 도청 소
재지인 혜산惠山, 원 : 함경남도 근교 등에 군데군데 남아 있다. 파괴물들은 참혹한 전쟁
의 비극은 아랑곳하지 않고 지금은 큰 의미없이 무심코 바라만 보게 된다.

압록강 상류인 폭파된 혜산의 소형 댐은 지금도 북한과 중국 측에 수문의 뼈대만 남아 있다.

혜산에서 백두산 방향으로 20km 지점에 콘크리트 교각만 남아 있는 2개의 교량을 볼 수 있다.

한 · 중 국경 3,500리

중국의 조선족 동포들은 6.25전쟁의 발발을 남측이 북쪽으로 먼저 쳐들어간 것으로 알고 있다. 한국보다 북한 편을 들며<sup>눈치 봐 가며</sup> UN군의 참전은 알지 못하고, 오직 미국이 전쟁을 주도한 것으로 알고 있다.

2004년 중국에서 한국 기업의 건축물을 설계할 당시 한때 어리석은 질문을 한 일이 있었다. "만약 한국과 중국이 축구시합을 한다면 조선족은 어느 쪽을 응원할 것이냐?" 그러나 양친이 한국에 머물면서 돈벌이하고 있는 조선족 직원은 대답을 하지 않았다. 흔히들 우리는 조선족을 동포이니까 한국인으로 착각하는 실수를 하게 된다.

단뚱의 끊어진 다리 근처에는 '평양 옥류'라는 간판을 내걸고 북한 식당이 영업을 하고 있다. 아침 일찍 가게 앞에서 하루의 시작을 알리는 체조를 하는 모습이 특별하다. 북한 정부에서 운영하는 이러한 식당은 국경 변 및 중국의 대도시에 널리 있다. 대체적으로 가격이 비싼 편이므로 조선족을 포함한 중국인들은 잘 이용치 않고, 주로 한국인 관광객 또는 주재인들이 많이 이용한다.

고려 말 이성계가 회군한 위화도중국 단둥과 북한 신의주 사이의 압록강 하구 섬에는 모래가 쌓여 있고, 벽돌조 건축 공사를 하고 있다 2010년 10월.

단뚱단동을 벗어나 S-319지방도를 이용하여 강 상류 수풍댐 쪽 60km 지점인 창디엔長甸, 장전 허코우河口, 하구에서 제2 압록강 단교인 청성교를 답사하였다. 그 이후부터의 길은 오르막·내리막길로 바뀌면서 수풍댐을 20km 앞두고 강변길은 일반 차량은 출입 통제이다. S-202 지방도로 바꾸어서 滿族만족자치현 꽌디엔寬甸, 관전으로 향한다.

꽌디엔에서 황이샨黃椅山, 황의산의 가늘고 길게 형성된 주상절리를 보고 G-201국도를 이용하여 고구려의 첫 도읍지 후안런桓仁, 환인에 있는 우뉘샨청五女山城, 오녀산성을 살펴본다. 다음날 S-201, S-208성도를 따라 지안集安, 집안에 도착하여 국내성 일대를 답사한다.

강 건너편은 북한의 자강도 만포이다.

# 고구려의 유적

기원전 37년 동명성왕 고주몽高朱蒙이 고구려를 세우고 첫 도읍지를 현 랴오닝성遼寧省, 요령성의 '후안런桓仁, 환인 우뉘샨五女山, 오녀산에 정했다.'라고 안내되어 있다. 그런데 고구려 때의 왕도는 평지성과 산성을 두었던 것으로 볼 때 근처 어디엔가 평지성이 있었을 것으로 짐작할 수 있다. 그 후 40년이 지난 기원후 3년 제2대 유리琉璃왕은 국내성國內城 : 현 지린성/吉林省, 길림성. 지안셔集安市, 집안시로 천도하여 장수왕 때까지 425년 동안 수도로 유지하다가 평양으로 옮겼다.

400년 이상의 수도였던 국내성에는 고구려의 많은 유적이 주위에 널리 분포되어 있다. 고구려의 왕도는 평지성과 산성을 병행하여 이루었는데, 평화 시에는 평지성국내성에 거주하였다. 비상시를 대비하여 가까운 곳에 마련한 피난지가 환도산성이었다.

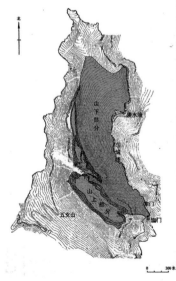

고구려의 첫 도읍지 오녀산 산성은 환인현 북동 방향 8.5km, 주봉 해발 821m, 산성의 평면은 마치 신발 모양으로 동서 300~500m, 남북 1,500m, 성벽 총연장 4,754m, 면적 60만m²보통의 종합대학 면적에 해당됨

성 내부는 산상과 산하로 나누어지며, 동문, 서문, 남문, 말 다니는 길, 축수지蓄水池, 망대, 초소, 대형건축 기초, 주거건물 유지 등의 흔적들이 남아 있다.

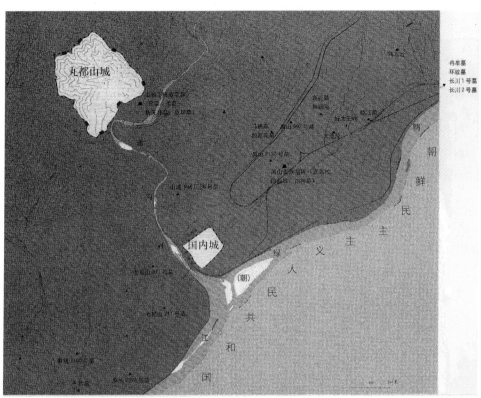

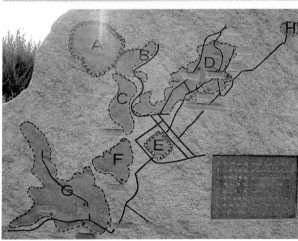

A. 환도산성

B. 산성 하부 귀족 고분 구역

C. 만보정 고분 구역

D. 우산 고분 구역

E. 국내성

F. 칠성산 고분 구역

G. 마선 고분 구역

H. 하下 해방 고분 구역

고구려의 유적

비상시에 피난 장소로 이용된 환도산성은
북쪽 2.5km 지점에 있다.

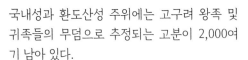

국내성과 환도산성 주위에는 고구려 왕족 및
귀족들의 무덤으로 추정되는 고분이 2,000여
기 남아 있다.

왕릉으로 추정되는 고분군

광개토대왕릉으로 추정되는 가장 큰 릉

고구려의 유적

정방형의 장군총은 둘레 합계 91.2m이며, 장수왕의 무덤으로 추정한다. 잔디밭에 '세계문화유산' 2004년 중국 유산으로 등재 로고가 세워져 있다.

장군총 뒤에 있는 이것은 동반자 무덤?

중국의 국가문물국國家文物局에서 발행하는 계
간지《중국문화유산中國文化遺産》2004년 여름 호
에는 중국 쑤조우蘇州, 소주에서 열리는 제28차
'세계유산위원회' 회의에 대비하여 고구려 유적
을 특집으로 다루었다. 여기에 기재된 고구려는
'하나의 소수민족 명칭이며 일개 정권의 명칭이
다.'라고 되어 있다. 결국 중국은 그해 7월 '고구
려왕성, 왕릉 및 귀족무덤高句麗王城,王陵, 貴族墓葬'
이라는 명칭으로 중국 30번째 세계문화유산 등재
에 성공했다.

1938년과 1992년에 촬영된 장군총 옛사진
- 지안集安, 집안 박물관 -

1909년, 1927년 옛 사진
- 지안 박물관 -

고구려의 유적

광개토대왕 비<sub>현재</sub>

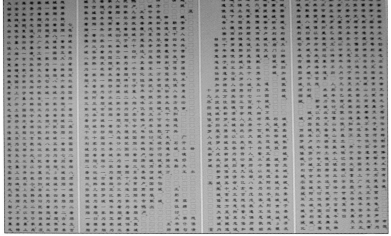

광개토대왕 비의 비문. 고구려 장수왕20대이 아버지 광개토대왕19대의 업적을
기록한 비. 높이 6.39m, 1,775자. 남아 있는 사료 중 문자가 가장 많은 고구려
사료이다.

또한 중국의 동북공정에 대해서는 2006년 6월 도서출판 푸른역사에서 펴낸 윤휘탁의 저서 《신 중화주의》에 가슴이 섬뜩할 정도로 잘 설명되어 있다.

이 저서에 의하면 동북공정의 목적은 "중국의 거시적인 국가 전략의 하나인 '중화민족 대 가정 만들기'에서 비롯되었으며, 우리 사회에서 아직도 편협적인 문제로만 인식하고 있는 '중국의 고구려 역사 빼앗기' 정도의 학술 논쟁의 틀을 벗어나 우리 한반도와 중국과의 상관성, 향후 한반도 정세 변화에 대한 중국의 예측과 대비책이 우리의 운명통일, 북한의 붕괴과 직결된다는 것에 더욱 주목해야 한다."고 지적한다.

지안의 국내성은 보존 상태가 허술하지만, 10년간의 문화대혁명을 거친 중국을 고려하면 조금이라도 흔적이 남아 있는 게 그나마 다행이라 하겠다.

고구려의 유적

중국 공산당 역사학계에서도 역시 상투적인 수단으로 학자 개인이 당론이나 국가의 공식 입장을 벗어나는 견해를 피력할 수 없는 중국의 학계 현실에서 "학문은 정치를 위해 복무해야 한다!"라는 것에 대한 대책을 직시해야 한다. 대략 1990년을 경계로 대외적으로는 순수학문의 바탕을 무시해야 하고, 오로지 '통일적 다민족 국가론'을 국가 방침으로 중국 내 각 민족의 화합 단결과 인민의 애국심을 고취시키기 위한 역사 논리를 개발하려는 데서 비롯된 측면이 내포되어 있다는 것을 통감해야 한다. 이상은 윤휘탁 님의 큰 책《신 중화주의》에서 일부를 인용한 것이다.

AD 3년 유리왕2대 때부터 425년 동안 고구려의 도읍지였던 국내성의 성벽과 쪽문(?)

# 발해의 유적

국경을 약 200km 벗어난 발해유적. 헤이룽지앙셩黑龍江省, 흑룡강성 징뿌후鏡泊湖,
경박호와 무단지앙牡丹江, 모단강 : 조선족은 목단강이라 한다 사이 G-201국도변 닝안셔寧
安市, 녕안시 보하이쩐渤海鎭, 발해진에 발해渤海국의 도읍지 보하이구오샹징룽취안푸이
쯔渤海國上京龍泉府遺址, 발해국상경용천부유지 : 발해국 중후기의 도성유적가 있다.

보하이쩐渤海鎭, 발해진 마을입구에 '발해문화공원' 현판이 걸린 상징 문이 세워져 있다.

중국의 동북공정은 우리나라가 남북으로 갈라져 있는 사이에 자기들 마음대로 역사를 재정리하여 공산당론은 순수학문보다는 '국익을 위해, 정치를 위해 학문을 연구'하고, 공식 발표는 사전에 '국가문물국'의 검열 승인을 받아야 하며, 개인의 연구나 발표는 있을 수가 없다.

중국국가문물국은 2004년 고구려 유적을 중국문화 유적이라고 '세계문화유산' 등록에 성공하였다. 들리는 말에 의하면 세계적으로 널리 알려진 '아리랑'도 자기들의 문화로 등재하겠다고 한다. '지금의 중국 울타리 안에 있으면 과거의 모든 것들은 모두다 중국의 문화이다!'라는 것이 중국국가문물국의 주장이다.

중국정부의 발해국 소개 안내판의 내용은 다음과 같다.

"발해국은 당나라 시기의 지방 민족정권으로서 AD 698년에 건립되었고, 발해국 번성 시기의 영역은 사방 2,500km로 길림성의 대부분 요령성 일부, 러시아 연해주沿海州의 남반부와 조선반도의 북부의 광대지구이다. 5경, 15부, 62주, 130여 개의 현, 인구는 3백 만 명 정도이며, 역사적인 호칭은 해동성국海東盛國이라고 설명되어 있다. 산업은 농업과 목축업, 선진적 수공업, 수렵狩獵 및 채집採集업, 당나라 봉건문명의 영향 아래 발해는 상당히 번영된 문화를 누렸으며, 유학을 존봉尊奉, 일치감치 불교를 받아들였고 한자 통용, 교육 중시, 문학 예술을 수양하였다. 발해국은 왕권 중심의 봉건집권국으로 당나라의 일개 지방정권이었다. AD 926년 229년간의 15대 왕위 역사로 마감했다."

안내 설명문에 대조영大祚榮에 관한 내용은 없다. 성곽은 길이 16.56km의 외성, 내성, 궁성의 3중으로 구성되었다.

소수의 고구려인이 지배층, 피지배층 백성의 대다수는 말갈족여진족이었다.

초기 왕도의 위치는 지린성吉林省, 길림성 뚠후아셔敦化市, 돈화시 아오뚱청敖東城, 오동성이었으나, 755년 상경으로 옮겼다. 동경은 훈춘琿春, 혼춘 근처이고, 서경은 린지앙중강진 건너편, 남경은 함경남도 북청 근처로 해석한다.

3중성 중 외성은 토성으로 16.56km이며, '보호문물'이라는 말뚝이 서 있다.

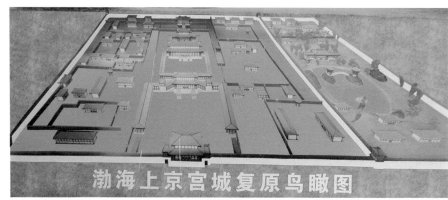

상경 유지의 궁궐터에는 축대와 주춧돌이 남아 있다.

한 · 중 국경 3,500리

발해의 유적                                                                                   219

상경 유지에 인접하여 발해 유물을 볼 수 있는 씽룽쓰興隆寺, 흥륭사가 있다. 대웅보전 지붕의 형태가 중국에서는 드문 우리의 합각팔작 지붕으로 되어 있고, 가람은 일렬로 배치되어 있다.

발해의 유적

발해의 유적

관리가 잘되고 있는 사찰 같지는 않으나, 석등·석사자 등 발해의 유물이 온전히 남아 있어서 정말 다행스럽다. 샨시셩山西省, 산서성 따퉁大同, 대동의 윈강셔쿠云岡石窟, 운강석굴, 허난셩河南省, 하남성 루오양洛陽, 낙양의 룽먼셔쿠龍門石窟, 용문석굴 등 문화대혁명 10년 동안 너무나 많은 유물들이 파괴되었다. 지금은 '세계문화유산' 제도로 인하여 중국 정부도 후회할 것이다.

| 노정路程, promenade |

지안集安에서 다시 압록강 본류를 만나 S-208성도를 타고 강 건너 만포를 보며, 운봉호云峰湖를 거쳐 따리즈大栗子, 대율자에서 조선 3월 5일 청년광산을 내려다보면서 린지앙臨江, 임강에서 하룻밤을 보낸다.

여기서부터는 S-310성도로 바뀌고 압록강에는 뗏목이 끊임없이 떠내려 온다. 중강진으로 통하는 다리를 본 후 다음날 창바이長白, 장백로 향한다.

# 조선 3월 5일 청년광산, 안타까운 목재 수출

중국 지안集安, 집안의 강 건너 만포 외각. 산 아래 주택들을 일렬 횡대로 세워 놓았다.

지안, 만포를 벗어나 따리즈大栗子, 대율자에 도착하면 강 건너에 갑자기 예기치 못한 도시(?)가 나타난다. 중국의 도로변에 이에 대한 중국어 안내판이 설치되어 있다.

내용은 다음과 같다.

1968년 3월 5일 북한의 김일성이 평안북도현 자강도 중강진을 시찰하면서 "강 건너 중국 린장臨江, 임강 따리즈大栗子, 대율자에 철광산이 있으니 반대편인 이곳중강군 호하 부근을 파보면 철이 나올 것이다."라고 지시하였다. 탐사 결과 동광銅鑛 : 구리광산이 발견되어 3월 5일 '청년광산'이라 명명하였다.청년이란 이름이 붙여진 광산은 양강도 혜산에도 있는데, 그 의미는 광산이 오래되어서 폐광 직전이 아니라는 것일까?

1974년 이곳을 개발하였다. 광산 설비는 중국 선양沈陽, 심양의 광산기계공장에서 제작하였다. 연간 제련할 수 있는 동 16,200톤, 채굴 가능 매장량 100만톤, 광산 근로자 2,600명, 광구 총인구 13,621명. 광구 고층건축은 업무시설 및 호텔이고, 그 외 근무자들의 공공주택이다.

당과 수령에 대한 과잉 충성심을 광산의 명칭에까지 표시하는 체제를 어떻게 보아야 하는지 우리는 깊이 경계해 봐야 할 것이다.

이 안내문이 중국 측에 설치되어 있는 이유는 무엇인지?

평안북도현 자강도 중강군 호하의 특이한 이름 '조선 3월 5일 청년광산'

만포 앞 압록강은 넓고 수량이 풍부해서 곧 만나게 될 수풍수력발전소의 충분한 수자원이 된다.

자욱한 매연은 '조선 3월 5일 청년광산'에서 구리와 같이 생산하는 것인가

강변을 따라 주택이 광장 외곽의 담장 역할을 하게 배치했다. 이유는?

중국의 내륙⑦으로부터 다시 압록강을 만나게 되니 반갑게도 눈길은 중강진 쪽을 향한다.

청성교를 지나 수풍댐 20km 직전부터는 산악 지역으로 바뀌면서 일반 차량은 강변로 출입을 할 수 없어서 수풍호를 우회하여 지안集安, 집안까지 가게 된다. 여기서 부터는 강의 양쪽 주위의 산을 살펴볼 수 있는데, 북한 측의 산은 상당히 높으면서 경사가 급하다. 그 모양을 보면 북한 땅과 중국 땅을 확실히 구분할 수 있다. 무슨 소리냐하면 '북한의 산은 나무 한그루 없는 민둥산인 반면 중국의 산은 삼림이 울창하다.'라는 의미인데…

북한의 산이 이러한 이유를 세 가지로 추측해 본다.

첫째 식량 증산 때문에 농토가 부족하여, 둘째 외적의 침투 시 은폐물을 제거할 목적, 셋째 땔감이 부족해서?

산의 정상까지 개간한 것은 결코 농토 확보 목적만은 아닐 것이다.

떼목, 떼목, 떼목. 어린 시절 초등학교에서 배운 것인데 직접 보니 새삼스러우면서도 북한에 아직
도 이렇게나 목재가 풍부한가 하는 생각이 든다.

잠시 동안 셀 수 없을 만큼 떼목이 내려온다. 운봉호云峰湖에 들어가기 전 떼목의 중간 집결지

3명이 한 조가 되어 흘러가는 뗏목. 방향 잡이 키가 앞뒤로 있는지 한 사람은 수시로 뒤쪽을 살핀다.

짐작으로 길이 150m 이상으로 보이는 북한의 무동력 뗏목은 목적지 수풍호?를 향하여 이른 새벽에 출발하여 흘러가는데, 때가 되면 뗏목 위에서 아침밥을 해 먹는다.

한 · 중 국경 3,500리

1956년 체결된 북한과 중국의 '압록강과 두만강에서의 목재 운송에 관한 의정서'에 의하면, 1956년 이전부터 이미 목재를 중국에 수출하고 있다는 내용이 포함되어 있다. 지금도 거대한 뗏목을 엮어서 계속 수출하고 있으니 이 얼마나 안타까운 일인가. 헐벗은 산은 우기에는 홍수를 유발시키고 산사태가 발생하여 피해를 일으키면서 동시에 국토를 황폐화시키고 있다.　※ 이종석 저《북한-중국관계》참조

　　뗏목 제작 과정은 다음과 같다.

　**1** 벌채한 원목이 궤도를 타고 산 아래 압록강변으로 내려 가면 거기서 내린다.

2 내려진 원목은 트럭에 실려 조립 장소로 옮겨진다.

3 뗏목은 마을 사람들에 의해 조립된다.

마을은 500여 m의 거리를 두고 있으며, 짐작으로 이 지역만 100세대는 될 것 같다. 이들은 또한 산을 개간하여 밭농사도 한다.

중국 린지앙臨江, 임강과 북한 중강진을 연결하는 교량

내용물이 궁금한 포대 자루와 철근 6가닥을 싣고 중강진 쪽으로 가기 위해 중국 세관검사소를 들
어서고 있는 북한 트럭. 북한 쪽에서도 쉴새없이 화물차가 들어오고 있다.

조선 3월 5일 청년광산, 안타까운 목재 수출

중국에서 북한으로 보내는수출, 원조? 송전탑. 규모로 봤을 때 용량이 클 것 같지는 않다.

중강진은 원래 평안북도에 속하였으나 북한의 행정구역 개편으로 지금은 자강도가 되었다. 자강도의 어원은 자는 慈城자성에서, 강은 江界강계의 머리 글자를 인용한 것이다.

노정路程, promenade

린지앙臨江, 임강 — 북한 중강진 연결 교량을 뒤로 하고 S-310성도는 압록강을 우측에 끼고 강 건너 우리의 영토 북한을 훔쳐보면서 셔스다오고우十四道溝, 십사도구에서 하루 밤을 머물고 35km 전진하여 창바이에長白, 장백에 도착한다. 창바이는 여러 번 왔던 곳이라 점심 식사 후 바로 백두산을 향한다.

# 양강도 혜산

지린성吉林省, 길림성 바이샨셔白山市, 백산시 창바이씨엔長白縣, 장백조선족자치현의 강 건너편은 중국국경에 면해서 직접 볼 수 있는 북한 도시 중 가장 큰 혜산시. 양강도의 도청 소재지이다. 10월 중순인데 빨래도 하고 아이 목욕도 시킨다.

양강도 혜산

양강도의 양강은 압록강과 두만강을 지칭하며, 즉 양강도는 양쪽 강을 끼고 있다는 의미이다. 양강도는 1954년 행정구역 개편 때 생겼으며, 함경북도·함경남도·평안북도의 3개 도에서 일부씩 떼어내서 만들었다.

혜산시에서 중강진 방향 30km 지역의 삼수역 승강장에서 두 사람이 기차를 기다리고 있다. 조선조 때 무거운 중죄인의 유배지 중 한 곳으로 갑산과 이웃하고 있다. 우리말에 '죽을 때 죽더라도 三水甲山을 가더라도'라는 말이 있을 정도로 오지이다. 해발고도 1,000m 이상의 개마고원에 속해 있다. 양강도 혜산시와 김정숙군 사이에 있으며, 중강진과 더불어 우리나라에서 가장 추운 곳 중 하나이다. 1월의 평균기온 -18℃(?).

한 · 중 국경 3,500리

소몰이꾼은 여자가 많다. 이는 우연인가?

인구 20만 명의 회색빛 도시 혜산은 공업도시이다. 중국과의 밀무역으로 경제가 비교적 부유한 곳
으로 알려져 있다.

혜산시가지를 벗어나면 금방 급경사의 산지인데, 산사태를 대비한 인공 구조물이 철로를 보호한다.

창바이는 조선족이 많이 사니까 소수민족 유화정책의 일환으로 민속촌이 만들어져 있다.

압록강 최상류 백두산 천지에 가까워지니까 강폭은 뛰어넘을 수 있을 정도로 좁아 보이고, 장백
송 · 자작나무숲이 나타나기 시작한다.

# 압록강변의 북한 생활

압록강과 두만강을 사이에 두고 중국, 북한 양국 인민들의 우호 관계는?

12년간 거의 중국에서 살다시피한 본인이 느낀 바는 일반 중국인민들에게서 북한을 대하는 마음이 따뜻하다는 느낌을 받아보지는 못했다는 것이다. 물론 일반적인 중국인민들은 정치·외교 분야에 대해서 전혀 무관심하고, 오직 이기적인 개인 돈벌이만이 목적이어서 다른 것은 쓰잘떼기없는 짓이라고 생각하니까.

40여 년 전까지는 중국인민들이 돈을 벌기 위해서 북한을 수시로 들랑날랑했는데, 지금은 반대로 중국인민들은 오히려 북한주민들을 귀찮게 생각한다.

만포 지역의 탈출 방지 인공 방책은 돌담장으로 되어 있다.

소형 수력발전소

고기잡이

빨래하기 좋은 장소로

한 · 중 국경 3,500리

압록강을 이용하는 인민들의 생활은 평화스럽게 보이는데, 왜 일을 하지 않고 쪼그리고 앉아서 조별(?) 좌담회를 하는지. 다른 쪽에서는 닥쳐올 겨울을 대비하여 집단 추수를 하고 있는데...

양강도 혜산

북한인민들도 겨울 갈무리 작업에 허리가 아프다.

10월 중순인데 벌써 방학을 했나? 꼬맹이들이 옹기종기모여서 놀이에 열중하고 있다.

한 · 중 국경 3,500리

양강도 후창김형직 근교의 전기 기동차와 주택

혜산 근교에서 사금을 채취하고 있는 3인조. 주위 강물이 누렇게 번진다.

중강진 마을의 새벽 연기는 아련한 향수를 불러 일으킨다.

양강도 혜산

푸짐하게 저장된 옥수수는 겨울나기에 넉넉한 양식인가?

집집마다 옥수수가 야장野藏되어 있는데, 도둑맞을 염려는?

한 · 중 국경 3,500리

집단 추수

추수는 끝나고

양강도 혜산

'선군 조선의 태양 김정은 장군 만세!'라는 간판은 항상 중국을 향해 세워 놓는다.

| 노정路程, promenade |

창바이에서부터는 최근 지도책에도 표기되지 않은 새로 정비된 S-302 성도를 타고 백두산을 향한다. 천지 남문에 도착했을 때는 이미 어두워져 가까이 얼다오바이허二道白河, 이도백하에서 호텔을 찾는다. 내일은 북문으로...

# 화산 지형인 백두산

우리의 백두산白頭山을 중국에서는 창바이샨長白山, 장백산이라고 한다. '백두산'의 글 뜻은 '머리가 희다'이고, '장백산'의 글 뜻은 '항상 희다'이므로, 백두산과 장백산은 같은 의미라고 해석할 수 있다. 여기서 백白이 의미하는 것을 흔히들 눈雪으로 알고 있는데, 사실은 백두산 정상의 암석이 백색이어서 붙여진 이름이다.

백두산천지을 오르는 길은 북한에서는 산의 남동쪽에서, 중국 측에서는 공식적으로 남문, 북문, 서문 이렇게 세 방향에서 오를 수 있다.

대개의 화산은 칼데라caldera가 있어도 호수가 있는 것은 드물다. 일부 화산은 호수가 있더라도 수량이 작고 거의 말라 있다. 천지의 호수 면적은 982만 m²300만 평 : 축구장 1,300개의 면적, 평균 수심 204m, 최대 수심 373m, 저수량 20억 톤이다. 또 다른 특이한 점은 강수량이 많고연1,400mm, 위도가 높으며북위 42도, 높은 해발 고도수면 해발 2,154m로 인한 저온 현상 때문에 6개월의 긴 시간 쌓여 있던 눈이30~100cm 6월 중순부터 서서히 녹기 시작하므로 천지의 중대한 보급수빨리 녹으면 수위가 올라서 3강으로 배출량이 늘어나 보급 수량을 능가하게 된다가 된다.

호수 면적이 982만 m²인 반면 천지 주위 지면의 집수 면적은 2,140만 m²이어서 집수량을 극대화시킬 수 있어 장백폭포 등 3강의 배출수량과 총강수량이 대개 비슷한 것으로 학자들은 추정하고 있다. 또한 자연 증발량이 연 450mm인 점을 감안하면 지하에서 솟아나는 지하수도 중요한 보급수가 된다.

서문

북문

남문마지막 만들어진 입구

한편 백두산은 위험한 산이기도 하다. 중국의 '장백산천지화산관측소'의 발표 자료에 의하면 1985년부터 매년 여름 40여 차례의 지진이 관측되었다고 한다. 그러다가 2002년부터 갑자기 지진 발생 횟수가 증가하여 2003년에 1,293회가 되었다가 2005년 8월 이후 돌연 감소하여 이전 상태로 돌아갔다고 한다.

2010년 '중국지질연구소 지진국'은 한국으로부터 전해 온 소식에 의하면

항공 사진 : 월간《中國國家地理》에서

"1000년 주기의 대폭발로 볼 때 2014년에 백두산이 폭발할 것이다. 만약 폭발하여 20억 톤의 호수 물과 뜨거운 용암이 마주친다면 어마어마한 재난이 일어날 것이다." 1000년 주기의 폭발 징후는 가장 최근인 1903년 11차례의 소규모 분출이 일어난 것으로 알 수 있다. 지금도 펄펄 끓는 뜨거운 온천이 살아 있는 화산임을 말해 준다.

1000년 전인 AD 1014~1019년 백두산은 초대형 규모의 폭발로 화산구가 생성되었으며, 또한 해발 2,500m 이상의 봉우리 16좌가 형성되었다는 중국과 북한의 고서적 기록이 발견되었다. 이에 의하면 당시 "흙비가 내리고 화산재와 파편이 멀리 일본까지 날아가 떨어졌다." 또한 그 증거를 일본 지질학계에서도 발표한 바가 있다《월간 중국국가지리》2012년 5월호 참조. 독특한 경관의 백두산의 천지는 아시아에서 해발 고도가 가장 높은 화산 호이며, 압록강·두만강·북쪽 중국으로 흐르는 쑹후아지앙松花江, 송화강 등 3강의 발원지이기도 하다.

북위 41.21°, 동경 129.3°의 함경북도 길주군 풍계리는 백두산 천지에서 직선 거리로 130km이다. 북한은 이곳에서 2006년부터 2017년 9월까지 6차례의 핵실험을 하였는데, 이는 백두산 재폭발에 영향이 없는지?

전장 70km, 폭 100~200m, 깊이 400여 m의 백두산 대협곡은 화산 폭발 후 굳어진 용암석 표면에 두껍게 쌓여 있던 화산재와 미세한 흙이 빗물과 계곡물, 바람에 의해 침식된 곳으로, 장관을 연출한다.

화산 지형인 백두산

14도구와 주위에서 볼 수 있는 주상절리.

여기서 도구道溝는 지명이다. 그 의미는 계곡길(?)인데, 지안集安, 집안에서 압록강을 따라 백두산까지 23도구까지 확인하였다.

백두산 자락 곳곳에는 화산 폭발에 의한 흔적들을 볼 수 있다. 백두산은 역사가 기록된 후 지구 최대의 화산 폭발로 알려져 있으며, 당시 공중 분사 높이는 30km였다. 이때 화산재는 동쪽으로 1,000km 이상 날아갔다고 한다.

지린셩吉林省, 길림성 바이샨셔白
山市, 백산시 창바이씨엔長白縣, 장백
현 셔쓰다오고우十四道溝, 14도구에
서 북쪽으로 백두산과 직선 거리
30km 지점에 해발 2,051m인 왕
티엔어펑望天鶴峰, 망천학봉이 있고,
가까운 계곡 양쪽에서 다양한 형태
의 주상절리 등을 볼 수 있다.

백두산이 상당한 시간적 간격을 두고 폭발했다는 증거인 하부의 용암석과 상부의 용암석 사이에
또 다른 퇴적물이 끼인 모습. 이는 백두산이 단 한 번의 폭발로 이루어진 것이 아님을 뜻한다.

화산 지형인 백두산

# 백두산과 한·중 국경선

　천지의 서편에 올라 관심 있게 살펴보면 국경 표지석이 보이는데, 하나의 의문점이 생긴다. 어릴 때 학교에서 배운 천지는 전부 우리의 것으로 알았는데…….

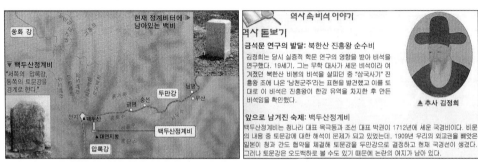

2010년 성지문화사 발행《중학교 역사부도》로부터

　서문을 통과하여 천지에 오르면 1963년 확정된 국경협정을 기준으로 북한에서 1990년 설치한 국경 표지석인 '조선 5'. 중국 측에는 경비원이 있는데, 북한 측에는 없다.

천지를 내려오면 중국의 창바이샨 안내 표지판을 다시 한 번 유심히 관찰하게 된다.

일반적으로 6.25때 중공군이 북한을 도와 참전해준 대가로 백두산 천지의 상당부분을 중국에 떼어주었다고 보고 있다. 그러나 현재 정해져 있는 국경에 대한 결정 과정을 살펴보면 우리가 알고 있던 것은 선입관(?)이다.

이에 대한 내용은 2000년 11월에 발행된 세종연구소 북·중 연구위원 이종석 님 저《북한-중국 관계중심출판사 발행》로부터 압축·인용한 것임을 밝힌다.

국제적으로 1959년 8월과 10월 2회에 걸쳐 중국·인도 국경 분쟁 무력 충돌 발생에 대해서 소련정부가 엄격 중립을 표방하면서 내용적으로는 인도 측을 두둔하자 이에 중국은 상당한 충격을 받았다. 이후 1960년대 초 중국은 아프가니스탄·몽골·북한 등과 역사적인 과제인 국경 문제를 해결하려고 적극 나섰다.

중국 측에서 북한 국경 표지석과 일직선으로 설치한 국경 금지 행위 표지판.
'국경 표지물 훼손 금지, 국경 표지를 이용하여 영화 촬영 금지, 조선을 향하여 제사·예배·농성 금지, 월경·밀수·마약 매매 금지'라는 내용인데, 중국식 한글로 적혀 있다.

북한 역시 국경 문제가 향후 양국 관계의 분쟁의 불씨로 작용하는 것을 막기 위해서 국경선을 확정할 필요가 있다고 느끼고 있었다. 더욱이 북한의 입장에서는 1960년대 초반의 중·소 분쟁으로 인해 북한이 중·소 양국 간의 전략적 가치가 중요시되고, 또한 북·중 관계도 긴밀한 상태였기 때문에 국경선 협상을 유리하게 끌고 갈 수 있다고 판단했을 것이다.

이미 1956년 압록강과 두만강에서의 〈목재 운송에 관한 의정서〉를 체결했고, 1958년 〈두만강 치수 공사 설계서에 관한 합의서〉를 교환했으며, 1960년 5월 23일에는 〈수상운수 협조에 관한 협정〉을 체결하는 등 국경 하천의 평화적 공동 이용을 위한 협력을 해 왔다.

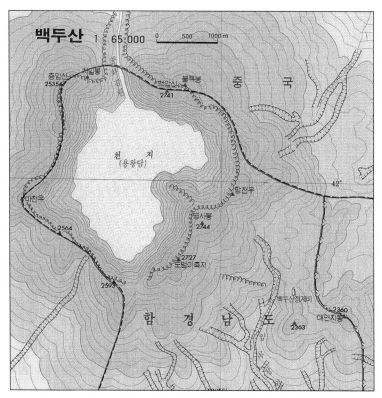

1994년 교학연구사 발행 《고등학교 지리부도》에 표시된 백두산 부근의 국경선

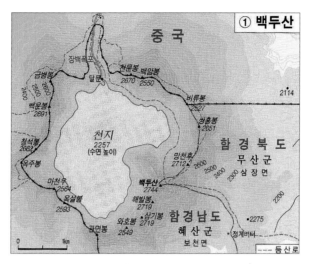

2009년 동아지도 발행《중학교 사회과 부도》에서

　이러한 상황에서 국경선 확정 문제가 양국 지도부에 의해 본격적으로 논의된 것은 북·중 밀월 관계가 무르익던 1962년이었다.

　양국의 국경선은 압록강과 두만강을 경계로 나뉘어 있었기 때문에 비교적 쉬웠으나, 하천 중간에 위치한 섬과 하천 경계가 없는 백두산 천지 부근이 문제였다.

　1962년 주은래 총리의 적극적인 의지 아래 논의하기 시작하여 쌍방 방문, 주은래의 조약 체결을 위한 평양 비밀 방문 후에 1963년 3월부터 6개월간의 현지 탐측 조사를 거쳐 백두산을 포함한 1,334km에 달하는 전 국경 지역의 경계선을 확정하였다. 그리고 1964년 3월 20일 북경에서 중국의 진의 외교부장과 북한의 박성철 외상 간에 〈중·조 변계국경의정서中朝邊界議定書〉를 교환함으로써 국경선 획정 문제를 종결지었다. 그 결과 천지의 54.5%를 북한이 차지하고, 중국은 나머지 45.5%를 소유하게 되었다.

　이러한 백두산 국경선은 오래전부터 백두산 정계비를 기준으로 국경을 나누자고 주장해온 중국의 자세에 비추어볼 때 북한에게 상당히 유리한 분할이었다. 이 이외 애매했던 부분인 압록강에 있는 섬과 사주沙洲, 모래섬 205개는 북한 127개, 중국 78개로 나누었으며, 두만강에 있는 246개의 섬과 사주는 북한 137개, 중국 109개로 나누었다.

한편 윤휘탁 님의 저서《신 중화주의》에는 '중국과의 마찰은 우리가 처해 있는 남 · 북 상황을 고려한다면 바람직하지 못하므로 간도 문제는 현시점에서 거론치 않는 것이 장래를 위함이다.'라고 되어 있다.

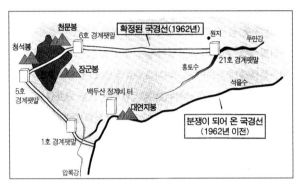

이종석(2000).《북한-중국 관계》책에 실려 있는 백두산 지역의 국경선

2012년 10월 중국 측 백두산의 남문과 북문에 똑같이 설치되어 있는 관광 안내판에 있는
백두산 지역 국경선.《북한-중국 관계》의 내용과 일치한다. 백두산 정계비 표시는 없다.

한 · 중 국경 3,500리

| 노정路程, promenade |

두만강은 창바이샨 북문 가까이에서 시작되므로 S-204 성도를 이용해 가야하는데, 진입 금지.

S-207 성도를 타고 허룽셔和龍市, 화룡시로 우회하여 두만강 상류에 가장 가까운 충샨崇善, 숭선에 도착하니 한국 시간 6시 반인데 캄캄하다. 외국인 투숙 금지 여관일 것 같은데, 조선족 주인은 괜찮다고 한다.

아침에 일어나 보니 숙소 앞은 두만강인데, 북한과 연결된 다리도 있고 면세점도 있다. 여기서부터는 상류 쪽으로 S-204 성도를 이용하여 올라 갈 수 있는 데까지 갔다가 돌아와야 한다. 결국은 구앙핑廣坪, 광평에서 국경 수비군에게 저지당했다. 자세한 여행계획서를 첩보물로 오해받아 되돌아 나와 하류 쪽으로 50km 전진하여 루구오링蘆果嶺, 로과령에서 북한의 무산 노천 철광산을 관망한다.

# 두만강 상류

청산리를 지나 허룽和龍, 화룡과 룽징龍井, 용정을 경유하여 두만강으로 흘러드는 하이란지앙海蘭江, 해란강이 허룽을 통과한다.

백두산 북문에서 두만강변의 도로는 진입 금지로 인하여 우회하여 허룽셔和龍市, 화룡시를 경유하게
된다. 뒤편 산 너머가 두만강이다. 허룽은 일제에 대승한 청산리전투의 중심지이다.

백두산 천지 아래 40km 지점의 두만강
상류는 일반인이 갈 수 있는 최상류이다.

한 · 중 국경 3,500리

두만강에 들어서니 국경 경계가 압록강에 비해서 더욱 삼엄해졌으며, 강 건너의 북한 사람은 한 번도 눈에 띄지 않았다.

백두산 북문을 40km 앞두고 상류로는 더 이상 전진할 수 없는 구앙핑廣坪, 광평의 두만강 건너편은
북한의 양강도원, 함경북도 대흥단군 농사동農事洞이다.

일반인이 갈 수 있는 두만강 최상류 구왕핑廣坪, 광평의 건너편 농사동農事洞. 집집마다 강 쪽으로 담장이 쳐진 것은 중국인 월경을 방어하기 위한 것은 아닐 테고... 담장 밖에 화장실처럼 보이는 것은?

농사동의 마을은 띄엄띄엄 떨어져 있지만, 동네 규모가 큰 것 같다.

두만강 상류

두만강에서 처음으로 대하는 중·조 관문은 두만강 최상류에 있는 교량으로 중국 충샨崇善, 숭선
과 북한 함경북도 무산군 흥암리 인강대仁江臺를 연결한다.

충샨의 출입국관리소는 두만강에서 북한과의 첫 관문이지만 대문은 굳게 닫혀 있다.

한·중 국경 3,500리

지린성吉林省, 길림성. 허룽셔和龍市, 화룡시 충산崇善, 숭선은 북한 양강도와 함경북도의 경계에 있는 무산군 흥암리 인강대의 맞은 편이다.

압록강에 비해서 두만강 쪽은 중국 측에 조선족마을이 밀집되어 있는 '옌비엔짜오씨엔쯔쯔쪼우延辺朝鮮族自治州, 연변조선족자치주'가 광활하게 자리하고 있고, 북한 쪽은 산세가 험악하다. 이러한 여건은 북한인민들의 입장에서는 탈출했을 때 언어가 통하면서 멀리 도망갈 수 있다는 큰 이점이 있고, 악조건의 지형 때문에 감시가 소홀해져 탈북하기 좋은 환경이 된다.

출입국관리소 외부에 위치한 충샨의 면세점. 면세점에는 '출국지정상점'이라는 간판이 걸려 있으나 휴업중이다.

두만강 최상류에 속하는 이곳 흥암리 지역은 탈북자를 가장 많이 낸 곳 중 한 장소로 알려져 있다. 10여 년 전2005년경 많을 때는 한꺼번에 30가족이 탈북하기도 하였다고 한다. 특히 겨울 한파가 심한 이곳의 두만강은 동결 기간이 길고, 강폭이 좁아 탈북하기 좋은 조건이 된다. 따라서 중국 쪽 강변에는 철조망이 이중으로 되어 있고, 압록강 변에서는 드물게 보이던 북한 감시초소가 촘촘한 간격으로 설치되어 있다. 중국 측에는 국경수비부대 및 순찰차가 수시로 눈에 띈다.

탈북자의 입장에서 볼 때 '탈북자는 중국에서 불법 체류 외국인이다.' 그런데도 조선족들이 중국외국에 살고 있는 덕분에 우리말이 통한다는 데 대해 유심히 생각해볼 필요가 있다.

함경북도 무산군 흥암리 인강대에 있는 북한 출입국관리소

중국은 글자가 심오하고, 언어도 어렵기 때문에 문맹자 및 반 문맹자초등교육을 받은 자도 많다. 언어도 같은 발음인데도 성조聲調, tone에 따라 여러 가지 다른 의미가 있어서 소통도 쉽지 않다. 중국 글자를 공부하려면 먼저 로마자 알파벳부터 시작해야 발음並音을 배울 수 있다.

이런 다행스러움으로 중국의 조선족 중에는 중국말과 글씨를 모르는 사람들이 많은데, 이는 탈북자들에게 크게 도움이 된다. 왜냐하면 그냥 조선말로 이야기해도 지나가는 중국 경찰은 탈북자인지를 잘 분간하지 못하기 때문이다.

# 무산의 노천 철광산

총샨崇善, 숭선에서 두만강을 따라 하류 쪽으로 30km를 전진하면 루구오링蘆果嶺, 로과령 고개가 난핑쩐南坪鎭, 남평진 직전에 있다. 이 고개에서 북한의 무산 노천 철광산 및 도시를 파노라마로 바라볼 수 있다.

노천지표에 노출 철광산으로는 아시아 최대로 알려져 있으며, 함경북도 무산군 무산읍 의수依水동 일대에 소재한다.

무산의 노천 철광산

무산 노천 철광산은 1900년대 초에 발견되었으며, 선광 · 소규모 제련소를 갖추고 있다.

무산의 노천 철광산의 추정 매장량은 30억 톤이며, 채굴 가능 매장량 13억 톤이다. 2000년대 초반 북한은 중국에 50년 동안 채굴권을 넘겼는데, 7년만에 북한 측의 철광석 가격 및 임금 인상 요구로 계약이 파기되었다는 소문이 있다. 이로 인해 중국의 허룽和龍, 화룡-난핑南坪, 남평 간의 철로 건설도 중지되었다고 한다.

무산의 노천 철광산

| 노정路程, promenade |

무산의 노천 철광산 관망에 긴 시간을 할애하고, 난핑쩐南坪鎭을 거쳐 바이진
춘白金村, 백금촌에서 북한 함경북도 회령군 계하리를 바라 본다. 30km 앞쪽
싼허三合, 삼합의 강 건너편에 있는 회령會寧 시가지를 본 후 숙소를 찾기 위해
S-205 성도를 이용하여 룽징龍井, 용정으로 간다.

이튿날 차를 되돌려 다시 두만강으로 와서 S-204 성도로 하류 쪽을 향한다.
씨엔샤둥咸沙洞, 함사동, 카이샨뚠開山屯, 개산둔, 위에칭月晴, 월청, 투먼圖們, 도
문을 거쳐서 훈춘琿春, 혼춘에서 투숙한다.

무산을 지나 중국 바이진춘白金村, 백금촌에서 바라 본 북한의 조그마한 마을 계하리

# 두만강 중류

두만강에 면한 중국의 제일 큰 도시 투먼셔圖們市, 도문시는 2000년대 초반까지만 해도 겨울철만 되면 북한주민들이 얼어 붙은 두만강을 건너 매주 수십 명씩 탈출하였다. 이들을 위하여 훈춘琿春, 혼춘으로 가는 중간 지점에 탈북민 전용 수용소를 건설하였으며, 지금도 잘 운영하고 있다.

싼허三合, 삼합에서 건너다 보는 회령시가지.
1991년 북한은 회령을 시로 승격시켰다.

이 지역은 중국의 조선족자치 지역연변으로 조선족이 많이 살고 있다. 탈북자들로서는 언어가 통하니까 압록강보다는 두만강을 탈출 장소로 선택하게 된다. 또한 조선족 남자, 또는 중국 남자와 결혼하는 여자들은 국경에서 멀리 떨어진 흑룡강 등 외진 곳에서 산다. 이렇게 어렵게 결혼하여 자식까지 낳더라도 소문이 나면 바로 중국 공안 경찰에게 잡혀가서 탈북자 수용소에 구금되어 있다가 북한으로 넘겨진다.

2003년도 훈춘琿春, 혼춘의 민박집 주인당시 50세 조선족은 10년 전만 하더라도 북한이 중국보다 잘 살았기에 중국 사람이 북한에 가서 돈 벌려고 아우성이었다며, 북한 출입 도장이 여러 개 찍혀 있는 여권을 보여주었다. 그의 말에 의하면 북한으로 넘겨질 때 손바닥에 구멍을 뚫어 철사줄로 줄줄이 꿰어서 끌고 갔다고 한다.

회령은 일제 때 만주 지역의 독립운동을 지원하던 본거지였다. 국경 무역, 밀수, 마적단 등의 활동 중심지여서 일본 관헌의 경계가 심하였다고 한다.

혹 인민이 보일까 줌인하였으나...

우리의 옛 독립 운동가들의 한이 서린 곳. 회령시가지를 감도는 저녁노을 진 두만강

씨엔샤동咸沙洞, 함사동과 고령진 마을 앞을 흐르는 두만강의 물색깔이 어느 사이에 탁해진 것 같다. 아마도 무산 철광산에서 선광 작업으로 생긴 폐수를 정수 처리하지 않고 그냥 흘려 내려 보냈기 때문이리라.

고령진 마을은 윗동네와 아랫동네로 나누어져 있다.

두만강 본류와 합류하는 고령진 근처의 작은 지류

싼허三合, 삼합에서 하류 방향으로 카이샨뚠開山屯, 개산둔 바로 앞에 있는 강 건너 함경북도 종성군 신전리 동네. 100여 호의 주택과 기차역이 보인다.

신전리 역사에는 강변을 향해 김일성 사진이 걸려 있고, 어디든지 김정은 만세다.

카이샨뚠開山屯, 개산둔과 북한의 함경북도 종성군 상삼봉을 연결하는 교량은 룽징龍井, 용정과 통하는 한·중 관문이다. 우리의 민족시인 윤동주도 이용한 것으로 알려져 있다.

룽징龍井, 용정

상삼봉리의 들판은 제법 넓고 앞을 흐르는 두만강은 오염된 듯하다. 상삼봉은 함경선원산~상삼봉의
종착지이다.

한 · 중 국경 3,500리

투먼圖們, 도문에 도달하기 전 위에칭月晴, 월청에는 잘 보존된 '중국 조선족 백년부락'이 성도변 가까이에 있다. 1877~1880년에 지어졌으며, 중국 내의 유일한 조선족 전통가옥이라고 설명되어 있으나 목재는 장백산에서, 기와는 북한에서 배로 실어 왔다고 한다.

강을 따라서 국경을 서에서 동으로 이동하면 중국 측에서는 시선이 계속 오른쪽을 향하게 되어 북한을 훔쳐보는 꼴이 된다. 마을이 나타나면 머물게 되고, 혹 사람이 보이면 왜 그런지 신기하다. 이러한 현상은 지구상에서 우리나라 사람에게만 있을 수 있는 현상이리라. 그러나 두만강 변에서는 북한 사람을 한 번도 본 적이 없다.

두만강 중류

홍구앙洪光, 홍광을 지나면 볼 수 있는 왼쪽 먼 곳은 중국 투먼圖們, 도문이고, 오른쪽은 함경북도 온성군 남양이다.

북-중 교량이 있는 곳이면 국경 금지 행위 표시판이 있다.
불법 월경 금지, 수영·밀수·마약 매매·고기잡이 금지, 조선인과 대화 금지, 촬영 금지.

투먼 근교 강 건너편에 미니 전동차가 보인다.

두만강의 옛 나루터에는 기념비만 서 있고, 신 나루터에는 유람선이 떠 있다.

투먼圖們, 도문과 함경북도 온성군 남양을 연결하는 교량은 '국경 통로'라기보다 한국인 관광객을 불러들이는 '유혹의 다리'라고 하는 것이 정답일 것이다. 다리 건너편은 북한 남양으로, 다리 중간에 북·중 경계 표시가 있다. 한국인들은 중국에 입장료를 내고 비극을 즐긴다. 중국에 있는 북한 식당, 혜산을 볼 수 있는 곳, 단뚱의 단교 등 모두가 한국 관광객이 주를 이루는데, 관광사업으로 수입을 올리는 쪽은 중국이다.

어째서 두만강 칠백 리인가? 두만강의 공식적인 길이는 521km. 중국의 거리 단위 1리는 500m이고, 우리의 단위는 400m이다. 따라서 중국식이면 1,040리, 우리식은 1,300리 인데……

한·중 국경 3,500리

국경선 답사는 이제 곧 종점에 닿는다. 투먼을 지나면서 우리 민족이 언젠가 풀어야 할 숙제인 간도에 대해 이야기해 보고자 한다.

간도는 조선의 항일 투쟁자에게는 정치적 망명지이자 조국 해방을 위한 기지 역할을 했으며, 대륙과 한반도를 이어주는 매개 지역이다. 또한 문화 교류, 지식 교환, 전쟁 등 고구려 · 발해를 비롯하여 고려 시대 및 근세까지 계속하여 우리의 영토였던 너무나도 중요한 지역이다.

이런 중요한 지역이 우리의 영토라는 증거물로 우리 모두가 알아야 할 내용인 두만豆滿과 투먼圖們은 여진족의 언어로 기록되어 있다. 도시 이름 투먼과 강 이름 투먼지앙에서 어느 투먼이 먼저냐에 따라서 간도 지역이 한 · 중 영토 분쟁 해결에 중요한 실마리가 될 것이다. 만약 강 이름 투먼이 먼저라면 두만강과 투먼지앙은 다른 강이며, 투먼지앙은 쑹후아지앙松花江, 송화강의 지류이므로 도시 투먼은 나중에 지어진 이름으로 간도 지역은 우리의 영토라는 증거가 된다.

일본은 1895년 청 · 일전쟁에서 승리한 후 대륙 침략의 발판을 마련하기 위해 먼저 만주 지역을 중국에서 분리시켜야 했다. 나아가서 철도 건설이 필수적이므로 이를 받아내는 대가로 1909년 청국과 협상하여 우리의 영토인 간도 지역을 자기들 마음대로 청국에 넘겼다.

| 노정路程, promenade |

러시아와의 국경 도시 훈춘은 활발한 국경 무역으로 인해 도시 전체의 분위기가 5~6년 전에 비해 대단히 러시아화되어 있다. 두만강 하구로 가기 위해 새벽에 기상하여 S-201성도를 타고 빤셔板石, 판석, 징씬敬信, 경신을 지나면서 팡추안防川, 방천을 15km 앞두고 사진 촬영하다가 중국국경수비군에게 끌려간다.

# 두만강 하류

북한 경흥과 중국 징씬敬信, 경신 취안허圈河, 권하를 연결하는 교량. 징씬敬信, 경신에서 북한을 통하는 이 교량을 촬영하다가 중국국경수비군에 이끌려 가 아침 식사를 대접받았다.

북한 경흥 출입국관리소

중국 취안허圈河, 권하 출입국관리소

두만강 하류

징씬敬信, 경신은 두만강 하류의 끝자락에 있는 마지막 도시이다.

팡추안防川, 방천은 두만강을 따라 갈 수 있는 최하류로서 북한·중국·러시아 3개 국의 접경이다.
한때 '눈물 젖은 두만강' 노래비가 서 있었는데, 지금은 보이지 않는다. 유람선은 긴 시간 휴식에 들어가 있고 '스스로 국경법규 지켜라.'라는 경고문이 서 있다. 2004년 11월 촬영

팡추안防川, 방천은 3개 국북한·중국·러시아이 접하는 국경 지역이다. 이 지역 가까이에 설치되어 있는 북한의 경흥군 홍의와 러시아 포스이엘, 크라스키노, 자루비노항을 연결하는 철교를 볼 수 있다. 자루비노항은 중국이 조차한 항구로서 한국의 페리가 운항되고 있다.

한국 속초항을 출발하여 3개 국 접경 지역에서 가장 가까운 러시아의 자루비노항위 사진에 도착한 후 육로를 이용하여 중국 훈춘까지 60km를 셔틀버스로 간다. 러시아를 경유만 하는데도 입국 및 세관 심사가 무척 심하다. 여권 및 화물 X-Ray 조사를 무려 4~5번 하였다. 자루비노항은 1996년 중국에서 조차한 곳으로, 중국 동쪽의 바다로 통하는 유일한 중요 관문 역할을 한다.

두만강 하류

# 중국의 수비守備와 북한의 감시監視

수비는 공격에 대한 방어, 탈출은 도망, 탈옥, 탈국, 출국.

중국은 수비, 북한은 감시. 중국의 담장철조망은 침입을 막는 것이고, 북한의 담장경계초소은 탈출을 막는 것. 그러니까 양국의 차이는 '들어오는 것 방지=넘어오는 것 막기'와 '나가는 것 방지=넘어가는 것 막기'라는 정반대의 의미가 있다.

압록강을 지나 두만강에 접어 들면 북한의 경비초소는 더욱 촘촘하고, 중국 쪽의 경계 철조망은 2중으로 더 삼엄해진다. 중국국경수비군부대도 압록 강변에서는 보지 못했는데, 이쪽은 곳곳에 있다. 북한 측 경비초소는 눈짐작으로 보아 4~500m 간격으로 설치되어 있다.

압록강변에서는 인민들의 모습을 볼 수 있었지만, 두만강변에서는 한 번도 보지 못했다. 강변의 집들은 담장이 강 쪽으로 설치되어 있으며, 시야가 트인 곳은 돌담장으로 되어 있다. 이는 당국에게 '이 지역 인민들의 아첨성 전시물(?)=탈출하지 않겠다는 서약서'일 것이다.

북한의 감시초소는 유심히 살펴도 발견하기 쉽지 않다.

감시초소는 외딴곳이건 주거가 밀집된 동네이건 상관없이 강변에 자리 잡고 있다. 감시초소는 대개 동물의 보호색처럼 보여 외지인이 분간하기 어려운 장소에 있으며, 인민들을 위한 시원한 휴게소처럼 보이기도 한다. 물놀이 장소의 인명구조 관망대, 또는 강변 공중화장실처럼 보이기도 한다. 처음 온 외지인은 눈치채지 못할 뿐만 아니라 분간조차 하기 어렵다.

 오른쪽 확대 사진을 보고 왼쪽에서 감시초소 찾아내기

매미 소리가 들리는 시원한 압록강에서

여름 물놀이 객의 공중화장실(?)
북한 측의 감시초소는 나가는 것을 막는
시설이다.

물놀이 장소의 인명구조 관망대?

포로 수용소의 탈출 감시대?

감옥이라면 탈옥 감시대, 포로 수용소라면 탈출 감시대.

그렇다면 북한은 감옥인가, 포로 수용소인가.

창바이長白, 장백 건너편 혜산의 강가에서 빨래하는 장면을 사진 찍는데 북한 경비병탈북 감시원?이 갑자기 나타나 "야! 사진 찍지 마!"라고 소리 지르니 순간 총알이 날라 올 것 같은 오싹한 분위기.

북한과 중국 사이의 교량으로 연결된 공식적인 국경 통로출입국관리소는 본인이 직접 확인한 것이 9곳이다. 압록강 하구로부터 두만강 하구까지 순서대로 다음과 같다. ① 신의주-단뚱丹東, 단동, ② 삭주, 수풍-창디엔長旬, 장전, ③ 만포-지안集安, 집안, ④ 중강진-린장臨江, 임강, ⑤ 혜산-창바이長白, 장백, ⑥ 인강대-충샨崇善, 숭선, ⑦ 삼봉-카이샨툰開山屯, 개산둔, ⑧ 남양-투먼圖們, 도문, ⑨ 경흥-취안허圈河, 권하=리엔후아동蓮花洞, 연화동

9곳 중 북·중 사이에 있는 교량으로 관광할 수 있는 곳은 두 곳이다.

한 곳은 관광객이 많이 몰리는 투먼圖們, 도문-남양이다. 또 한 곳은 중강진과 린장臨江, 임강 사이의 다리인데, 이곳은 관광객이 많이 몰려오지 않는데도 입장료20위안/3,500원를 내야 다리를 거닐어 볼 수 있고, 사진도 마음 놓고 찍을 수 있다.

북한 경비원이 말을 걸면 중국 사람처럼 하라는 당부를 받고 입장. 황색 선은 북·중 국경선

중국의 수비守備와 북한의 감시監視

마침 북한 트럭 한 대가 약간의 건축자재를 싣고 중국 출입국관리소를 통과하여 다리를 건너고 있다. 다리에 입장하니 중강진 쪽에서도 다리를 건너 중국 쪽으로 트럭 2대가 오고 있다. 이때 조심해야 할 점은 북한 쪽 경비병이 말을 걸면 말과 행동을 중국 사람처럼 하라는 주의 사항을 전달받았다. 한국인 여행객이 가끔 들러서 말썽이 생기기도 한 모양이다.

북한 측은 감시초소, 중국 측은 철조망. 이는 탈출 감시인가? 침입 방지인가?

중국 측의 철조망은 넘어오는 것을 막기 위한 수비 시설이다.

충산崇善, 숭선에서 백두산 쪽으로 30km 전진하여 백두산 북문 35km 앞일반인이 두만강을 따라 백두산 북문으로 접근할 수 있는 최근 거리 광핑廣坪, 광평에 도착하니 바리케이드가 길을 막아 더 이상 못 간단다. 여행계획서를 보여주면서 "우리는 두만강을 따라 장백산을 가는데…"하니 보초병이 휴대전화로 조선족 사병을 불러내서 통역을 시키며 "여행계획서가 너무 자세하다."면서 카메라 영상을 조사하여 북한을 찍은 사진은 일일이 찾아서 다 지운다. 아마 영상 자료를 북한사람들에게 제공할까봐 의심하는 것인지.

조선족 사병이 "북한인민들이 넘어와서 도둑질 · 강도짓을 하고, 심지어는 살상까지 하니 경계를 철저히 한다."라고 설명한다. 이때부터 심상찮음을 깨닫고 SD 카드 2개를 번갈아 끼우며 촬영한다. SD 카드 하나는 지움당하는 것을 대비하기 위해서.

중국의 수비守備와 북한의 감시監視

　종착지인 두만강 하류의 일출을 촬영하려고 캄캄한 새벽 일찌감치 출발하여 두만강 최하류 지점인 팡추안防川, 방천 : 북한·중국·러시아 3개 국 국경을 20km 앞둔 곳에 도착하였다. 이곳에서 경흥과 취안허圈河, 권하를 잇는 다리를 촬영하는데, 저 멀리 국경수비군이 군용차를 몰고 나타나서 우리를 이끌고 군부대까지 인도(?)한다. 우리를 빈방에서 한참 기다리게 하더니 조선족 사병을 데리고 들어왔다.

　나는 혹시 오랜 시간 동안 조사를 받을까봐 약간의 두려움을 느끼면서도 카메라에 신경 쓰며 SD 카드가 지움용으로 대체되어 있는지, 차안에 있는 가방은 조사할는지 등 순간적으로 여러 상황이 머릿속에서 요동친다. 새벽 기상 시간 전이라 그런지 자꾸 왔다갔다 들락거리더니 "사진은 왜 찍느냐?"는 등 몇 가지 질문을 하고 아침 식사를 갖다 준다.

아침 식사가 끝나자 조사를 시작한다. 높은 사람이 기상해야 지시를 받을 수 있다고 한다. 그리고 역시 사진을 검사하더니 또 지운다. 다행스럽게도 한국에 돌아와서 100%는 아니지만 복원에 성공했다.

국경수비군으로부터 아침 식사를 초대 받고(?)
중국 사람들의 보통 아침 식사치고는 비교적 좋은 편이다. 속 없는 밀가루 빵, 묽은 쌀죽, 그리고 요리 한 접시. 동행자 박정식 님. 조사 수첩을 앞에 두고.

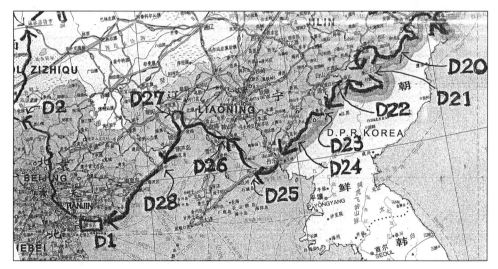

국경 여행계획 노선 지도 일부분

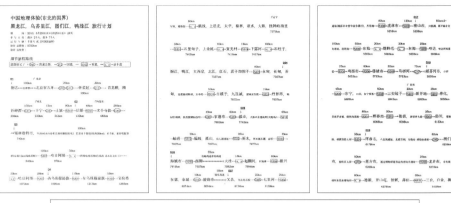

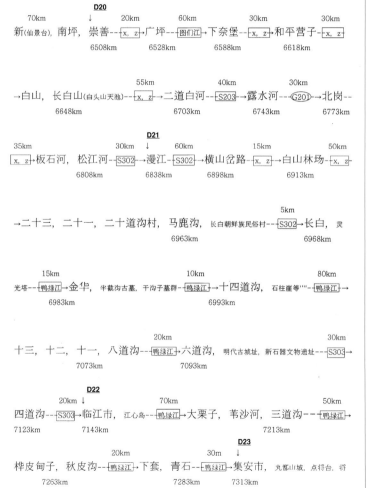

너무 자세하다고 의심받은 여행계획서의 일부

한 · 중 국경 3,500리

# 조선족 마을

랴오닝셩遼寧省, 요령성 후안런桓仁, 환인에서 호텔에 투숙하러 들어갔는데, 카운터에서 조선족이냐고 묻기에 "아니다 한국인이다." 하니, 호텔 직원은 "한국인이나 조선족이나 마찬가지다."라고 하였다.

우리 보고 조선족이라 하면 왠지 기분이? 선입감에 조선족이라 하면?

민족이라 하면 우리는 한족韓族인데, 중국인? 중국인들의 눈에도 조선족과 한국인은 구분이 갈 텐데. 중국의 한족漢族들에게는 조선족이 부러움의 대상이고 시기하는 민족.

랴오닝셩遼寧省, 요령성과 지린셩吉林省, 길림성의 경계에 있는 통후아셔通化市, 통화시 푸지앙쩐富江鎭, 부강진 푸민춘富民村, 부민촌은 90호 이상으로 조선족만 모여서 살고 있다. 떠난 사람이 비교적 적은 편이어서 마을이 온전하게 유지되고 있다.

가옥 외부에 타일을 붙인 것은 잘 지은 집에 속한다.

조선족은 영원한 이방인. 일제 때 일본인은 1등 신민, 조선인은 2등 신민, 중국인은 3등 신민이었다.

일제 패망 후 설움 받던 중국인들은 조선인을 일본의 앞잡이었다고 탄압하였다. 문화대혁명 시기에는 핍박이 대단하여 헤아릴 수 없을 정도로 많은 사람들이 살해되었다고 한다. 반면 헤이룽지앙셩黑龍江省, 흑룡강성의 무단지앙牡丹江, 모단강, 목단강 같이 외진 곳은 조선족이 주먹이 세니까 잘 버티어 내기도 하였으며, 지금도 그 위세는 대단하다고 한다. 발해渤海 대조영의 기개를 물려받은 것인가?

중국의 만주 지역에서 조선인族 최대 인구는 해방 전에는 230만 명이었으나, 지금은 200만 명 전후라고 한다.

역사적으로는 조선조 초부터는 봄에 씨 뿌리고 가을에 추수하는 등 들락날락하면서 일시적으로 거주하였으나, 조선 후반기에는 집단으로 이주하여 조선인 인구가 20만 명에 달했다고 한다.

내이멍구內蒙古, 내몽고의 짤란뚠札蘭屯, 찰란둔 근교를 지나다 '무궁화민속휴가촌'이라는 간판이 붙어
있어서 반가운 마음에 들렀으나 텅 비어 있다.
짤란뚠은 동북 지역에서 콩대두을 가장 많이 생산하는 곳이다. 주로 한국에 수출하였으나 지금은
중국 정부의 수출 금지 농산품이 되었다.


처음 이주가 시작 될 무렵에는 주로 조선 북방 압복강과 두만강 지역의 사람들이 주
를 이루었다. 그 후 1909년 청국-일본 간의 간도협약 이후 일제에 항거하기 위해, 또
농토 확보가 쉬워 경상도 등 지역의 사람들도 이주하여 현재의 국경에서 멀리 떨어진
곳에 자리잡았다고 한다.

헤이룽지앙성黑龍江省, 흑룡강성의 치치하얼齊齊哈爾, 제제합이은 국경에서 1,000km
이상 거리인데, 경상도 출신들이 집단으로 거주하고 있다. 내이멍구內蒙古, 내몽고의
짤란툰札蘭屯, 찰란둔에도 세월이 흘러 이주민 2세대·3세대가 되었으나 만난 사람들
은 모두 경상도 사투리를 잊어먹지도 않고 사용하고 있었다.

내이멍구(內蒙古, 내몽고)의 짤란뚠(札蘭屯, 찰란둔)에 있는 한 마을은 민속휴가촌을 이룰 정도로 번성하였으나, 사람들이 도시 또는 한국으로 떠나 빈집이 많다.

한국으로 떠난 사람들은 언제 돌아올지 모르니까 출입문·창문은 벽돌로 막는다. 사람이 오래도록 살지 않고 관리하지 않으니까 마당은 잡초가 무성하고 집은 아예 허물어진 곳도 있다.

조선족 마을

조선족은 헤이룽지앙셩黑龍江省, 흑룡강성의 무단지앙牡丹江, 모단강 : 조선족들은 목단강으로 발음한다, 지린셩吉林省, 길림성의 옌비엔차오씨엔쭈쯔츠쪼우延邊朝鮮族自治州, 연변조선족자치주, 지아오허蛟河, 교하, 창바이長白, 장백, 퉁후아通化, 통화, 매이허코우梅河口, 매하구 등의 동북 지역 외에도 여러 곳에 집단으로 살고 있다. 티엔진天津, 천진의 쥔리양청軍粮城, 군량성, 샨뚱셩山東省, 산동성의 칭다오青島, 청도, 웨이하이威海, 위해 등이다.

1992년 수교 이후 조선족은 한국의 친인척을 찾기만 하면 부자가 될 수 있다고 하여 한국을 향한 꿈이 가슴을 부풀게 하였다.

당시 중국의 일반 공직자의 월수입은 1~200위안한국 돈 20,000원 정도이었는데, 한국에 가면 식당에서 허드렛일을 해도 월 100만 원 이상을 저축했다고 한다.

여자들은 결혼, 거짓결혼결혼 후 주민등록되면 도망치는 것, 공개적인 위장결혼쌍방이 합의에 의한 것 등 어떻게든 한국에 가서 돈 버는 목적이 이루어지기만 하면 된다.

무단지앙牡丹江의 중심가의 아파트 한 동은 대부분 조선족들이 차지하고 있다한국에서 벌어온 돈으로.

물밀 듯 몰려오는 한국인 관광객, 중국의 값싼 임금을 이용해 득을 보겠다는 기업인들. 이러한 현상에 의해 조선족의 몸값 상승은 다른 민족이 경험치 못한 일이다. 실질적으로 조선족은 중국 곳곳에 퍼져 있는 한국인을 상대한 여행 안내인, 대도시에서는 한국 사업가의 개별 가이드, 한국 기업체에 취업 또는 통역 등을 하면서 한·중 경제교류에 중대한 역할을 감당했다.

조선족 마을

조선족은 한쭈漢族, 중국한족들에게는 부러움의 대상, 중국의 조선족은 대부분 개인 아파트를 소유하고 있다. 2000년대 초에는 한국에 가서 일 년만 고생하고 돈 벌면 중국에서 집을 살 수 있었다. 무단지앙牡丹江의 아파트 한 동은 조선족의 집단거주지로, 산골에 살던 사람들이 한국에 가서 돈을 벌어와 시내 중심가에 마련한 집이다. 한국 바람이 불기 시작한 지 25년. 농촌에 살던 사람들은 도시로 진출함으로써 마을의 모습이 크게 달라졌다.

허물어져가는 주인 떠난 빈 집.
지린성吉林省, 길림성의 지아오허蛟河, 교하시 우린烏林, 오림 마을은 조선족만 300 가구가 사는 동네였는데, 지금2007년 당시은 도시로, 한국으로 떠나고 남은 열 집에 노인만 살고 있다. 차츰 중국 한쭈漢族, 한족들이 집과 농토를 사들이거나 세 들면서 점령하고 있다.